JIYU CAIZHENG FENQUAN SHIJIAO DE
DIFANG ZHENGFU HUANJING GUIZHI
QIANGDU XUANZE YANJIU

基于财政分权视角的
地方政府环境规制
强度选择研究

刘伯凡 ◎ 著

中国财经出版传媒集团
经济科学出版社
Economic Science Press
·北 京·

图书在版编目（CIP）数据

基于财政分权视角的地方政府环境规制强度选择研究／
刘伯凡著．—北京：经济科学出版社，2023. 10
ISBN 978 - 7 - 5218 - 5264 - 6

Ⅰ. ①基…　Ⅱ. ①刘…　Ⅲ. ①财政分散制 - 关系 - 地
方政府 - 区域环境规划 - 研究 - 中国　Ⅳ. ①F812. 2
②X321. 2

中国国家版本馆 CIP 数据核字（2023）第 197597 号

责任编辑：白留杰　凌　敏
责任校对：李　建
责任印制：张佳裕

基于财政分权视角的地方政府环境规制强度选择研究
刘伯凡　著
经济科学出版社出版、发行　新华书店经销
社址：北京市海淀区阜成路甲 28 号　邮编：100142
教材分社电话：010 - 88191309　发行部电话：010 - 88191522
网址：www. esp. com. cn
电子邮箱：bailiujie518@ 126. com
天猫网店：经济科学出版社旗舰店
网址：http://jjkxcbs. tmall. com
北京密兴印刷有限公司印装
710 × 1000　16 开　11 印张　180000 字
2023 年 10 月第 1 版　2023 年 10 月第 1 次印刷
ISBN 978 - 7 - 5218 - 5264 - 6　定价：56. 00 元
（图书出现印装问题，本社负责调换。电话：010 - 88191545）
（版权所有　侵权必究　打击盗版　举报热线：010 - 88191661
QQ：2242791300　营销中心电话：010 - 88191537
电子邮箱：dbts@ esp. com. cn）

前　言

　　在工业革命以后，人类活动所引起的环境污染破坏力发生了质的变化，并逐渐演变成为影响全人类生存、发展的全球性问题。随着环境污染所造成的危害日益严重，人们的环境保护意识开始觉醒，环境问题开始引发西方发达国家的重视，西方各国政府开始加大对环境治理的投入，并逐步形成了一套完整的环境治理制度，到 20 世纪 80 年代西方发达国家基本上控制了环境污染，普遍较好地解决了各自国内的环境问题。我国正面临着过往西方发达国家曾经面临过的环境污染问题，例如，我国目前所面临的空气污染问题，特别是其中的雾霾问题在很大程度上同 20 世纪 50 年代伦敦的"雾都"问题如出一辙，而二氧化硫所引发的酸雨问题在很大程度上和美国 20 世纪 70 年代的酸雨问题相似，河流湖泊的淡水污染问题则与北美五大湖污染相似。那么应当如何治理环境污染呢？环境质量的供给属于公共品，因而应当由政府提供，根据西方发达国家的经验，环境规制是治理环境的有效手段，所以政府主要依靠对环境规制强度的选择来实现环境质量的供给，因而考察政府的环境质量供给实质上需要考察政府对环境规制强度的选择。

　　现实中政府存在一定的层级，上下级的政府具有不同的目标，因而对环境规制强度的选择会有所不同，这也构成了财政分权对环境污染产生影响的基本逻辑。具体地，中央政府最主要的目标是维持社会的稳定，为实现这一目标中央会努力实现居民效用水平的最大化。由于各个地区之间居民的偏好、技术水平存在差异，所以中央政府必须实施有差异的政策，但是由于信息的不对称，所以中央政府必须将权力下放，与地方政府形成"委托—代理"关系。中央政府通过居民上访以及合理表达不满建立反馈机制从而实现对地方政府的监督；通过"锦标赛"实现对地方政府的激励。中央政府通过监督和激励的双重机制刺激地方政府为实现自身目标而努力。然而在传统的经济增长模型中，研究者不会对中央政府和地方政府进行区分，通常的构建方式往往是将政府视为一个整体，这样的设置完全忽略了不同级别政府之间的差异，完全忽略了财政分权的实际情况。此外，在现有的理论研究中，政府部门只涉及预算约束问题，而事实上政府的目标虽然包含预算约束问题，但是并不是只包括预算问题。不仅如此，中央政府和地方政府目标的差异性也很少有理论涉及。为此，本书在对中国特色的财政分权制度进行充分的分析基础之上，借鉴了经典的"委托—代理"理论，以"锦标赛"为理论基础，并充分考虑居民的反馈机制，在进行理论研究时不仅充分考虑了现实中财政分权的问题，而且分别设置了不同级别政府的效用函数。

通过将序列博弈和经济增长理论相结合，并增加考虑各级政府的效用函数，本书对以下内容进行了研究：首先，将"国家—省"财政分权的情况作为基本理论框架，研究了地方政府效用最大化条件下对环境规制的选择以及环境规制的影响；其次，在基本理论基础之上增加考虑污染物的外溢性，并研究了这种外溢性对地方政府最优决策的影响；再次，在基本理论框架下增加考虑政府体系中的"地级市"行政单位，并研究了地级市政府的最优决策以及财政分权对于环境污染的影响；最后，增加考虑城市污染的外溢性，并研究了这种外溢性对地级市政府最优决策的影响。在理论研究的基础上，还通过广义矩估计、三阶段最小二乘法、广义空间两阶段最小二乘法、广义空间三阶段最小二乘法、似不相关估计、t检验等计量和统计学方法对相应部分的理论命题进行了验证。

通过理论和实证研究本书得到如下结论：第一，居民关于环境问题的信访概率（件/每万人）越高，地方政府选择的环境规制强度就越强；第二，无论是省级层面还是地级市层面，中国都未出现"遵循成本"现象，增强环境规制能够有效地抑制污染物的排放；第三，环境规制的副作用是抑制了经济增长；第四，"省级"财政分权水平越高，"省级"政府选择环境规制的强度就越弱；第五，"省级"政府对具有空间外溢性的污染物所执行的环境规制强度受到当地财政分权水平的影响比不具有空间外溢性的污染物更小；第六，地级市政府选择的环境规制强度会受到所在省的"省级"财政分权水平影响，"省级"财政分权水平越高，地级市政府选择的环境规制强度越强；第七，地级市财政分权水平不会对地级市政府选择的环境规制强度产生影响；第八，在地级市层面上同样未出现"遵循成本"现象，环境规制也会抑制经济增长。

　　根据相关结论可以得到以下政策启示：第一，应当积极完善居民的反馈机制和中央政府的监督机制，应当建立更加平和而且成本更低的反馈机制，保证中央政府能够更好地实现监督机制；第二，应当积极完善中央政府的激励机制，进一步完善考核体系，使激励指标包含更多的民生问题，保证激励机制能够很好地刺激地方政府为实现居民效用水平最大化的方向努力；第三，应当建立区域环境污染问题的联动机制，努力降低外溢性带来的不利影响；第四，应当完善地方政府的"自由裁量权"机制，促使地方政府选择更好更适合当地情况的环境规制强度。

刘伯凡
2023 年 9 月

目录

第一章 引　　言

第一节　研究背景和意义

一、研究背景

在人类社会发展初期，并不存在环境污染问题。环境问题是伴随人类经济社会的发展而产生的。纵向比较人类社会的发展历史，可以发现工业革命是人类环境史中的重要事件：在工业革命以前，人类活动所产生的污染物较少，所能引起的环境破坏力不大，污染影响的范围也非常有限，并不构成大的危害；在工业革命以后，人类活动所引起的环境污染破坏力发生了质的变化，并逐渐演变成为影响全人类生存、发展的全球性问题。特别是第二次世界大战之后到20世纪70年代末，人类社会的环保意识普遍单薄，西方发达国家经济社会取得巨大发展，工业文明空前繁荣，恰恰在此时，西方发达国家严重的环境污染事件层出不穷。

随着环境污染所造成的危害日益严重，人们的环境保护意识开始觉醒，美国生物学家1962年出版了《寂静的春天》一书，开始引发西方发达国家对环境保护的重视，西方各国政府开始加大对环境治理的投入，并逐步形成了一套完整的环境治理制度，到20世纪80年代西方发达国家基本上控制了环境污染，普遍较好地解决了各自国内的环境问题。从某种意义上讲，西方发达国家工业化发展的历史就是其环境污染产生和治理的历史。从全球范围来看，以1972年罗马俱乐部出版的《增长的极限》、1980年国际自然保护联盟发布的《世界保护策略》、1987年联合国世界环境与发展委员会发表的《我们共同的未来》为代表，生态环境问题引起了全世界范围内各国的深切关注，一些机构和组织开始从可持续发展的视野来探寻人类未来发展的方向。1992年，里约热内卢环境与发展大会通过的《里约热内卢环境与发展宣言》（又名《地球宪章》）和《21世纪议程》这两个纲领性文件，标志着促进环境与发展之间的协调已经成为全球共识，"可持续发展"理念被世界各国广泛接受（林震等，2010）。从世界各国的环境污染历史来看，环境的治理主要依靠政府，因而政府的环境污染治理工作对于一国的环境保护无疑是重中之重。

人类的经济活动必然会排放污染物，因而在一定的技术水平条件下，经济的发展必然导致污染物的增加，环境污染和经济增长就如同一枚硬币的两面（陆旸，2012）。20世纪90年代，西方经济学者通过对西方社会过往的发展历程进行研究提出了环境库兹涅茨曲线假说，此后大量的实证研究表明环境质量与经济发展、工业化水平之间呈倒U型关系，该理论指出在经济发展的初期，随着经济水平的发展，环境污染会不断加剧，但是当经济水平发展到一定程度之后，经济水平的发展将改善环境污染问题。这意味着当今的发展中国家在经济发展的初期，将不得不面临环境污染的问题。

虽然环境污染不可避免，但是由于有了发达国家的前车之鉴，所以发展中国家完全不需要重复发达国家先污染再治理的老路，可以尽可能平衡发展和污染的关系，充分发挥"后发优势"，学习发达国家的相关先进技术和先进的治理制度，不仅可以尽可能减少环境污染及其带来的危害，还可以提高生产效率。作为世界上最大的发展中国家，我国自改革开放以来经济社会迅猛发展，工业化、城镇化水平不断提高，但是这一切成就都是以牺牲环境为代价，我们似乎一直在重复着西方发达国家先污染再治理的老路，并没有充分发挥"后发优势"。以空气污染和淡水环境污染为例，根据环保部门2016中国环境状况公报显示，2015年，全国338个地级及以上城市中，只有84个城市的空气质量达标，而空气质量超标的城市达到254个；在全部474个接受降雨检测的城市（区、县）中，酸雨频率均值为12.7%。出现酸雨的城市比例为19.8%；在全国地表水1940个评价、考核、排名断面中，Ⅰ类水质断面占2.4%，Ⅱ类水质占37.5%，Ⅲ类水质占27.9%，Ⅳ类水质占16.8%，Ⅴ类水质占6.9%，劣Ⅴ类水质占8.6%；以地下水含水系统为单元，潜水为主的浅层地下水和承压水为主的中深层地下水为对象的6124个地下水水质监测点中，水质为优良、良好、较好、较差和极差级的监测点分别占10.1%、25.4%、4.4%、45.4%和14.7%。338个地级及以上城市897个在用集中式生活饮用水水源监测断面

（点位）中，有 811 个全年均达标，占 90.4%。春季和夏季，符合第一类海水水质标准的海域面积均占中国管辖海域面积的 95%。近岸海域 417 个点位中，一类、二类、三类、四类和劣四类分别占 32.4%、41.0%、10.3%、3.1% 和 13.2%。

事实上，我国现在所面临的很多环境问题，西方发达国家大都经历过。例如，我国目前所面临的空气污染问题，特别是其中的雾霾问题在很大程度上同 20 世纪 50 年代伦敦的"雾都"问题如出一辙，而二氧化硫所引发的酸雨问题在很大程度上和美国 20 世纪 70 年代的酸雨问题相似，河流湖泊的淡水污染问题则与北美五大湖污染相似。很显然，西方发达国家发展过程中沉痛的教训并没有引起我们足够的重视。

那么如何建立针对我国现有的污染问题治理的有效机制呢？从经济学的角度来看，在特定的区域范围内，环境质量不仅具有非排他性，还具有非竞争性，因而环境质量属于公共品范畴。那么显然，由于公共品外部性的存在，如果由市场提供环境质量产品，那么最终的均衡结果并非帕累托最优，萨缪尔森（Samuelson，1954；1995）最先给出了公共品供给的最优条件——即每个人对公共产品和私人产品的边际替代率之和等于生产的边际转换率。同时萨缪尔森指出，市场无法实现公共品的最优供给，因而公共消费品应由政府进行供给。那么显然，环境质量应当由政府部门供给。

当然，环境质量的供给还有一定的特殊性，一般消费品（包括公共消费品）都是直接通过生产得到，而环境质量则不同。因为某一特定区域的环境质量主要取决于该区域污染物的多少，那么这一区域的环境质量则取决于以下两点：（1）生产生活过程中污染物的排放量；（2）污染物的治理情况。与政府实现其他公共消费品供给方式不同，政府主要通过各种法律、行政、经济手段来完成对污染物排放量的控制，并通过政府投入实现对已经排放污染物的治理，从而实现环境质量的供给。一般而言，根据西方发达国家的经验，环境规制是治理环境污染的有效手段（范庆泉等，2016），相应地，在我国环境规制也具有抑制环境污染的作用（Dasgupta et al.，2001；Wang et al.，2005；李永友等，2008），由于环境规制的效果最为突出，所以可以通过环境规制的强弱考察地方政府对于环境质量的供给意愿。因此考察地方政府的环境质量供给问题与考察地方政府的环境规制选择问题是基本一致的。

　　环境质量属于公共品，应当由政府供给，但是由不同层级的政府提供环境质量，最终结果可能会产生很大差异：第一，当地政府可以更精确地了解当地居民对于公共品的偏好，而更高一级的政府则很难详尽地了解各地区人们的偏好，不仅如此，更高一级政府制定政策时往往需要考虑更广泛地区居民的偏好，因而更高级政府制定的供给政策可能会与各地居民偏好出现偏差，那么将存在帕累托改进；第二，环境质量具有多样性，不同的环境质量的性质存在差异，如上文所述环境质量由污染物决定，而不同污染物的污染范围不尽相同，有些污染物不仅影响本地区，还会有溢出效应，而且这种溢出效应的大小各不相同，因而造成同级政府以及不同级政府所追求供给的目标并不一致，目标函数不一致可能导致他们对于环境质量的供给产生分歧，例如，假设同一省内存在 A、B 两座城市，A 城市在河流上游，B 城市在河流的下游，A 城市政府对河流排污时可能并不考虑 B 城市人们的偏好，而省政府将同时考虑两地的福利状况，因而 A 城市政府与 B 城市政府之间以及 A 城市政府与省政府之间存在环境质量供给分歧；第三，不同级别政府的执行力强弱不同，如上文所述，政府主要通过控制污染物排放以及对污染物治理两种渠道实现环境质量的供给，那么即使环境规制由更高级政府制定，仍然需要由当地政府来执行。俗话说"县官不如现管""天高皇帝远"，由于上下级政府的信息不对称以及上一级政府执行成本过高可能会导致实际的环境质量供给并非出于更高一级政府的目标而是源于低一级政府的目标，即更高一级政府对于环境质量的长期供给能力并不如当地政府。

　　综上所述，无论是从环境质量供给（公共品供给）这一基本经济学问题，还是从环境污染治理这一重要现实问题的角度来看，财政分权对于地方政府治理环境都将起到重要作用。如何使环境质量的供给者更了解当地人们的偏好，如何确定不同性质的环境质量的具体供给者，如何使不同环境质量供给者的目标分歧最小化，将政府间的竞争转变为合作，使同级政府、不同级政府更好地合作，从而实现环境质量的供给达到最优，实现经济增长和环境污染达到最优均衡？通过合理化财政分权结构无疑可以使这些问题得到更好的解决，因而从财政分权的视角对环境质量进行研究分析是非常必要的。

二、研究意义

环境质量属于公共品，公共品由政府提供，财政分权又影响政府行为，这使财政分权成为研究环境质量消费品供给的天然视角；污染是城市集聚经济的重要负外部性，如何尽可能地减少污染是城市经济与管理的重要课题；那么在城市经济框架下，财政分权的环境效应究竟如何呢？对该问题进行研究，既可以丰富经济学相关理论，又可以为财政分权框架调整提供指导，从而为城市的污染治理提供帮助。因此本研究的意义包括理论意义和现实意义两个方面。

（一）理论意义：对经济学相关理论的丰富和拓展

任何一个区域中都存在着很多的公共品和准公共品，该类商品的供给不仅是福利经济学、公共管理、环境经济学的重要研究课题，同时也应该是城市经济与管理的重要研究领域。环境质量作为一种特殊的纯公共品，属于多门学科共同研究的交叉领域，对该领域进行研究，是对福利经济学、公共管理理论、环境经济理论以及城市经济与管理理论的重要丰富和扩展。通过对现有文献的梳理，发现有研究明显存在着一些不足，需要进行补充和完善。

首先，财政分权对于我国环境污染治理的影响一直存在一定的争议，现有理论大致分为两种对立的观点，而这两种观点的对立实质上是研究视角的对立：第一种研究视角基于传统的"AMS"框架（AMS 是 Arrow，Musgrave 和 Samuelson 的简写），该框架假定政府是仁慈的，并认为政府的目标是实现当地居民效用水平的最大化；而第二种的研究视角则建立在"政府激励理论"基础之上，该理论认为政府官员也有相应的物质利益，如果缺乏相应的制度激励，官员并不会根据社会福利的最大化来制定和执行相关政策（Qian et al.，1997；Qian et al.，1998；Qian et al.，2006）。根据前者的理论，财政分权有利于环境污染的治理，而根据后者的理论财政分权并不会一定有利于环境污染的治理，相反还会加剧环境污染的治理。为此，相关的实证研究以检验我国在省级或者城市层面上的财政分权对环境污染治理究竟是起到积极作用还是起到消极作用为主。大部分的实证分析认为我国财政分权对于环境质量起到消极影响（刘建民等，2015；李根生等，2015；吴俊培等，2015），一般认为这种消极影响源于改革开放以来的"锦标赛"(周黎安,2004,2007;Li et al.,2005)制度;但是也有实证研究认为财政分权并不会对环境质量造成负面影响(He,2015),相反会使地方政府愿意将更多的财政支出投入污染物的治理,而该研究则将这种有利的影响归结于中国优秀的传统文化。针对这两种实证结果的理论解释完全出于前文所述的两种视角,因而这两种完全相反的实证结果为各自的理论视角提供了自己的证据,那么为什么现有的实证研究会同时出现矛盾的结果,同时满足这两种对立的视角呢?为解决这一问题,本书将建立一套新的理论模型对此进行诠释,并在此基础之上进行实证研究以验证本书的理论。

其次,由于环境质量由污染物的性质和数量决定,而污染物的性质会导致影响的范围存在较大差异,所以不同类型的环境质量具有不同的性质,因而财政分权的影响会有所不同,这一结论被现有研究所证实(闫文娟等,2012)。但是该研究并没有对不同环境质量进行严格分类,也没有将这种不同影响进行合理化解释。为此,将依据污染物负外部性影响范围将环境质量划分为不同的类型,研究我国财政分权体制对于不同类型环境质量供给的影响及其机制。

再次,财政分权不应当仅包括上下级关系,还包括平级关系。然而大部分的研究都集中于财政分权中的上下级关系(He,2015;吴俊培等,2015;谭志雄等,2015;刘建民等,2015;张楠等,2016),对于财政分权中平级竞争关系的影响,无论是理论分析还是实证研究都非常缺乏。实际上,在现有的财政分权对于环境质量影响理论中区域竞争占有重要地位,究竟是出现"竞争到底"(race to the bottom)还是出现"竞争到顶"(race to the bottom)需要在具体体制下进行分析。本书将结合相关理论对政府之间平级竞争进行理论和实证研究以弥补现有研究的不足。

最后,现有研究对于财政分权的环境效应分析仅考虑两级行政单位,即"城市—国家"或者"省—国家",而这样的划分并不符合现实情况。这个世界上大部分的污染都来自城市,因而治理污染的主体自然是城市。但是从我国的行政体系而言,城市直接受省管辖,而省则受国家管辖。不同层级的行政单位对于人们偏好的了解程度不同,此外各级政府的目标函数也并不相同,因而有必要对"国家—省—市"的财政分权对环境质量影响的机制以及产生何种影响进行理论和实证研究。

（二）现实意义：发现我国城市、区域环境综合治理的重要长效机制

改革开放以来，我国的工业化、城镇化以及经济水平迅速发展，然而环境污染问题却越来越严重。环境污染问题的负面影响巨大，第一，环境污染问题严重制约我国经济的可持续发展，一方面环境污染带来直接经济损失，根据世界银行与国务院发展研究中心 2007 年合作完成的研究报告《中国污染的现状与代价》显示，每年中国因污染导致的经济损失达 6000 亿～18000 亿元，占 GDP 的 5.8%，1978～2015 年，我国卫生费用占 GDP 比重由 1978 年的 3.02% 增长到 2015 年的 6.05%，增长了两倍多；另一方面环境污染会影响长期劳动的供给，环境污染不仅可以降低劳动者的人力资本质量和劳动生产率（杨俊等，2012；Zivin et al.，2012；张可等，2014；Hanna et al.，2015），而且还会导致劳动者的供给意愿下降。第二，环境污染严重威胁每一个国民的身体健康，利用中国疾病监测系统的死因监测数据库检测数据的研究发现，空气污染是中国快速经济发展没有带来人均寿命显著提高的重要解释因素（Ebenstein et al.，2015）。

为了实现我国经济、社会的可持续发展以及我国国民身体健康水平的进一步提高，改善环境污染治理，提高环境质量是非常重要的。现如今的环境质量已经无法满足我国居民的基本需求，环境污染治理刻不容缓，作为一种公共品环境质量具有其特殊性质，政府能否充分发挥职能提供满足居民需求的环境质量又和财政体制息息相关（Zodrow et al.，1986；吴俊培等，2015）。因而从财政分权视角对城市环境质量进行研究，对于优化财政分权结构、促进区域间的地方政府合作减少环境污染具有重要作用，对于发现城市、区域环境综合整治的重要长效机制具有重要指导意义。

第二节　研究内容和框架

一、研究内容

根据由简单到复杂的理论构建思路，本书将以逐步加入限制条件的方式

构建模型，力求使理论模型逐渐贴近现实，不仅如此，使用这种思路，便于对与加入条件前后理论和实证结果进行比较，有利于我们厘清限制条件的影响。

主要研究内容包括以下几个方面：

1. 省级政府基本理论框架，首先厘清中国特色的财政分权体系，分析中央政府和地方政府的目标函数和效用函数，结合经典的经济增长理论分析地方政府的最优决策以及财政分权对于环境污染的影响。利用省级数据分别使用广义矩估计（GMM）和三阶段最小二乘法（3SLS）进行实证研究，并对基本理论得到的命题进行验证。

2. 在省级政府基本理论框架的基础上考虑污染物的外溢性，并研究地方政府的最优决策是否发生改变，其次研究财政分权对影响范围不同的污染物治理是否存在区别。并利用省级数据分别使用广义空间两阶段最小二乘法（GS2SLS）、广义空间三阶段最小二乘法（GS3SLS）以及似不相关回归（SUR）进行实证研究，并对基本理论得到的理论命题进行验证。

3. 在基本理论框架下考虑城市的环境污染治理问题，研究地级市政府的目标函数和效用函数，并结合经典的经济增长理论分析地级市政府的最优决策以及财政分权对于环境污染的影响。利用地级市数据分别使用广义矩估计（GMM）和三阶段最小二乘法（3SLS）进行实证研究，并对基本理论得到的理论命题进行验证。

4. 最后考虑基本理论框架下城市污染的外溢性，并研究地级市政府的最优决策是否发生改变，其次研究财政分权对影响范围不同的污染物治理是否存在区别。并利用省级数据分别使用广义空间两阶段最小二乘法（GS2SLS）、广义空间三阶段最小二乘法（GS3SLS）以及似不相关回归（SUR）进行实证研究，并对基本理论得到的理论命题进行验证。

二、研究框架

本书技术路线及思维导图见图 1-1。

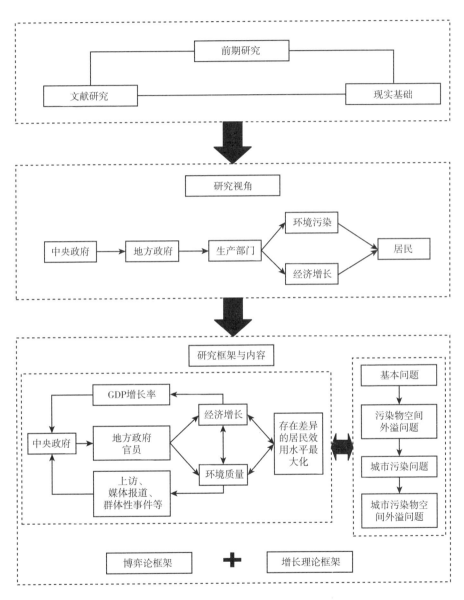

图 1-1 技术路线及思维导图

第三节 研究方法和创新之处

一、研究方法

（一）理论研究方法

本书在理论模型方面将博弈论与经济增长理论相结合，推导和分析过程主要采用拉格朗日函数最优化、汉密尔顿函数最优化、动态均衡分析、比较静态分析等方法实现对理论模型的推理和演绎。

（二）实证方法

为了验证理论研究得到的命题，其中实证研究均采用面板数据，由于面板数据存在个体效应，而个体效应会导致参数估计的非一致性，为了消除个体效应的影响，将对面板数据进行离差处理。对方程进行具体估计时主要采用两种思路，即对单方程进行估计和对整个方程系统进行估计，具体的参数估计方法则包括广义矩估计（GMM）、三阶段最小二乘法（3SLS）、广义空间两阶段最小二乘法（GS2SLS）、广义空间三阶段最小二乘法（GS3SLS）以及似不相关回归（SUR）。

二、创新之处

（一）理论创新

传统的经济增长模型中，研究者不会对中央政府和地方政府进行区分，通常的设置方式往往是将政府视为一个整体，这样的设置完全忽略了不同级别政府之间的差异，完全忽略了财政分权的实际情况。此外，在现有的理论研究中，政府部门只涉及预算约束问题，而事实上政府的目标虽然包含预算约束问题，但是并不是只包括预算问题。不仅如此，中央政府和地方政府的目标往往是存在区别的，现有的理论研究也并未对此进行论述。为此，本书在对中国特色的财政分权制度进行充分分析的基础之上，借鉴了经典的"委托—代理"理论，以"锦标赛"为理论基础，并充分考虑居民的反馈机制，在进行理论研究时不仅充分考虑了现实中财政分权的问题，而且分别设置了不同级别政府的效用函数。

（二）实证创新

根据本书的理论研究，地方政府不仅具有放松环境规制的动机，还有治理污染的动机，而这种治理污染的内在动力来源于当地居民表达对地方政府不满，利用居民对于环境问题"上访"的数据表征该不满的程度进行了实证研究。考虑到实证模型中的内生性问题，使用了广义矩估计和联立方程组的方法克服了内生性问题导致的有偏估计。在涉及空间问题时，还利用二阶空间滞后项作为工具变量，进行了相应的广义矩估计。

第二章 文献综述

第一节 经典理论回顾：财政分权中的
环境问题研究

一、最优环境质量供给者——第一代财政分权理论争论的焦点

在"AMS"框架下，政府的目标是实现社会整体福利的最大化。一个经济体能够实现福利最大化的前提是解决收入分配问题、社会稳定性问题以及资源的配置问题（Oates，1972），因而解决这三个问题构成了政府部门制定各种政策的最终目标。由于公共物品具有外部性的特征，市场中公共品的供需无法达到帕累托最优，所以在市场调节下无法实现资源的最优配置，因此公共品的供给就成为政府需要解决资源配置问题的重点。将政府确定为公共品供给者之后，另一个问题就接踵而来：为了实现社会整体福利的最大化，哪些公共品应当由中央政府统一供给，哪些公共品应当由地方政府自主决策供给？这成为第一代财政分权理论研究的重点问题之一。环境质量作为一种公共品，其本身自然应当由政府供给，但是究竟应当由哪一级政府进行供给自然成为财政分权理论研究的领域。

（一）偏好和技术的异质性

建立在第一代财政分权理论基础之上的环境联邦主义理论（Oates et al.，1988a；Oates，2001；Oates et al.，2003）主要针对提供环境质量的政府层级问题进行了深入的探讨。第一，考虑不同地区居民偏好的异质性问题。一般而言，在短期内居民必须面对环境质量和经济增长无法兼顾的两难问题，因此居民效用水平最大化的实现取决于居民对经济增长的渴望程度和对环境污染忍受

程度的权衡，由于不同的地区居民对于环境和经济发展的偏好并不相同，所以由地方政府实现环境质量供给可以更好地满足当地居民的需求（Besley et al.，2003；Faguet，2004）。根据这一逻辑，财政分权成为处理不同地区居民异质性环境偏好的有效工具（Silvana，2006）。第二，考虑不同地区技术水平的差异问题。由于技术水平的不同，不同地区在环境治理中所需牺牲的经济增长是不同的，这就意味着不同地区环境治理的边际成本是不同的。综上两点，最优的环境质量供给应当由居民的偏好和当地的技术水平共同决定。相比于中央政府，地方政府无疑更了解当地居民的偏好和技术水平（Seabright，1996），所以地方政府能够提供更加符合当地居民需求的环境质量供给。因此在这一理论框架下，财政分权虽然并不是直接影响环境质量的因素，但是却使地方政府能够在一定程度上自主制定和执行环境政策，进而使相关政策更加符合当地居民的偏好。在"仁慈"政府的假定下，财政分权程度越高，地方政府的自由度越高，环境质量的供给会越接近于帕累托最优状态。

（二）环境质量的分类

以上分析存在最大的问题在于没有考虑污染物的外部性。现实中，有些污染物不仅会对本地环境质量产生影响，还会对其他地区的环境质量产生影响，即不同的污染物负外部性并不相同。这将导致当地污染带来的边际收益小于整体的边际成本，从而导致整体效率的损失。地方政府并不会考虑其他地区居民的福利水平，因而地方政府自主制定和执行环境政策会导致整体效率的损失，那么在财政分权的制度安排下，环境质量供给无法达到整体最优。

为了解决这一问题，环境联邦主义理论（Oates et al.，1988；Oates，2001；Oates et al.，2003）根据污染物的性质将环境质量分为三种类型。

1. 地方性公共品。某些污染物仅影响本地的环境质量，因而该类环境质量取决于本地区污染物的排放量，该类污染物典型的例子是固体污染物和本地湖泊污染。该类环境质量的最优供给条件和一般意义上的公共品完全一致，均符合萨缪尔森规则。由于当地政府更能了解当地居民的偏好和技术水平，根据奥茨（Oates et al.，2003）的理论逻辑该类环境质量产品应当由地方政府提供，所以财政分权使当地政府可以更加自主地供给环境质量。考虑不同地区居民偏好和技术水平的异质性，财政分权因而不同的地区该类环境质量产品的供给并不相同，很显然这提高了整体效率。

2. 区域性公共品。某些污染物具有一定的空间外溢性，因而该类环境质量不但取决于本地区污染物的排放量，还受相关地区的污染物排放量影响，例如能够造成跨地区污染的废水和雾霾等。很显然该类污染物带来的负外部性将导致该区域效率的损失。对于这一类环境质量产品的供给，单纯由地方政府供给显然无法实现帕累托最优。一般认为这类环境质量应当由该区域的地方政府相互协调相互合作共同供给（Inman et al.，1997），或者应当在中央政府统一的协调下供给（Oates et al.，2003）。

3. 纯公共产品。另外还有一些污染物具有极强的空间外溢性，该类环境质量取决于所有地区污染物排放的总量，该类污染物最典型的例子是温室气体。这种污染物的性质导致该类环境质量无法由某一地区的政府，甚至无法由某一国家政府进行供给。对于该类环境质量产品的供给应当由中央政府乃至全球协同合作共同进行供给。

除此以外，公共品的其他性质也会对最优供给者产生影响。例如，公共品的边际成本，以美国空气污染作为考察对象的研究（Banzhaf et al.，2012）发现公共品供给的边际成本越凸，由中央政府提供环境质量产品越能提高福利水平；相反，如果提供公共产品的边际成本是凹的，由地方政府提供环境质量产品更能提高福利水平。

（三）相关实证研究

目前，为了验证最优环境质量供给者的相关理论，学者们进行了大量的实证研究，实证研究的结果也与理论预测的结论相一致：在财政分权的制度安排下，地方政府可以提供更加符合当地居民偏好的环境质量（List et al.，2000；Millimet，2003；Cutter et al.，2007）。更进一步地，环境联邦主义理论还预测，如果地方政府能够完全自主制定和实施环境政策，那么不同地区之间的环境质量会出现一定的差异。相关实证研究（Morriss，2000）发现，在美国联邦政府批准各州独立实施《空气清洁法》（Clean Air Act）以后，各州政府开始独立地制定和实施环境政策，从而导致了各州环境政策出现差异，并最终导致环境质量出现差异，这完全符合环境联邦主义对于财政分权导致不同地区环境质量出现差异的预测。

与此同时，还有很多实证研究将关注焦点选在了不同类型环境质量的问题上。对于异质性污染的实证研究（闫文娟等，2012）发现，财政分权对于不同性质的污染物具有不同的影响：财政分权会对治理具有一定空间外溢性的污染物，例如废水、二氧化硫等会产生显著的不利影响；但是对没有空间外溢性的污染物，例如固体废弃物不会产生显著的不利影响。

二、地区间的政府竞争——第二代财政分权理论关注的焦点

（一）"市场保护型"的财政联邦制

虽然"用脚投票"奠定了"仁慈"政府的理论基础，但是由于信息的不对称（Seabright，1996）以及居民流动性的限制，"AMS"框架中"仁慈"政府的假定遭到了一些学者的批判（Qian et al.，1997；Qian et al.，1998；Qian et al.，2006）。这些学者提出各级政府并不是利益一致的整体，每一层级的政府官员也有相应的物质利益，如果缺乏相应的制度激励，各级政府官员会对政策的制定和执行产生分歧，而且官员并不会根据社会福利的最大化来制定和执行相关政策。由于各级政府之间的利益并不一致，第二代财政分权理论借鉴使用了"委托—代理"的相关理论来分析不同层级政府之间的关系。以"委托—代理"理论为前提，在对于地方政府行为的分析中，这些学者以信息不对称和激励相容理论为基础，将追求预算最大化而不是当地居民福利最大化作为地方政府的行为动机，建立了第二代财政分权理论。该理论认为，在财政分权的制度安排下，地方政府为了追求自身预算的最大化会主动保护市场，并形成地区间的财政竞争（Qian et al.，1997；刘晓路，2007），因而财政分权有助于形成"市场保护型"的财政联邦制。

（二）政府竞争的环境质量后果——"竞争到底"与"竞争到顶"

在传统财政分权理论的假设前提下，政府间的竞争不仅不会加剧环境污染，反而会是社会总体福利增加（Oates et al.，1988b）。但是现实中，一方面存在资本税等扭曲性税率不符合假设条件；另一方面地方政府为了追求自身预算的最大化，会放松环境管制标准来吸引投资从而得到更多的财政收入。因

此，在财政分权体制下，地方政府会为了留住有发展前景的企业而降低环境标准，纵容企业排污，从而导致环境质量恶化，进而形成所谓的"竞争到底"（race to the bottom）现象（Wilson，1996）。

"竞争到底"并不是地方政府竞争的唯一结果，有时甚至会出现与"竞争到底"理论相反的结果：如果污染的成果过高，那么地区之间的竞争就会演变成为驱赶高污染企业的比拼，因而地方政府会争相改变环境政策，提高环境规制标准，从而出现"竞争到顶"（race to the top）现象（Brunnermeier et al.，2004）；如果某些地区选民对环境的偏好符合某种条件，地区之间同样会出现"竞争到顶"现象（Glazer，1999）。

如果不再将竞争的范围局限于一国之内，而是考虑国家与国家之间的竞争，那么各个国家为了增加自身的出口收入，会竞相放低环境标准，从而出现国际层面的贸易扭曲和自身国家的环境质量恶化（Barrett，1994；Ulph，1998）。

（三）竞争与环境质量"兼顾"的"以邻为壑"政策

由于地方政府仅需要对本地居民福利水平负责，而不用对相邻地区居民的福利负责，为了在政府竞争中获胜，地方政府会选择"以邻为壑"的排污政策（Silva et al.，1997）。在这种政策的指导下，地方政府并不会排斥高污染的企业，但是会将这些企业的排污安排在管辖区域的边界处，使污染不会影响本地区居民，当然污染会影响其他地区的居民。这种现象普遍存在于河流中废水排放，上游地区政府往往将污水排放点选取在不会影响本地区的地点，这样本地区的河流不受污染，但是下游地区的河流却受到污染物的影响。

（四）相关实证研究

针对"竞争到底"和"竞争到顶"实证研究的结论和理论研究一样存在争议。"竞争到底"和"竞争到顶"都有实证研究证明各自的理论。其中，有关"竞争到底"的实证研究结果和理论存在一定的差异，这种差异主要体现在实证研究发现不同级别的政府竞争会出现不同的结果：当考虑国家之间的税收竞争对环境污染的负向影响时，这种负向影响往往是显著的；但是如果是考虑一个国家内部地方政府之间的税收竞争，那么这种竞争对环境污染的负向影响却是不显著的（Revesz，1996；Dinan et al.，1999；List et al.，2000）。为

"竞争到顶"理论提供证据的实证研究则发现，美国各个州的环境管制政策会受到相邻州的影响，而且相邻效应的影响还是不对称的。"竞争到顶"虽然提高了当地的环境规制，有利于改善当地环境质量，但由于污染的泄漏可能会使其他相互竞争的地区环境质量下降（Fredriksson et al.，2002）。

验证"以邻为壑"政策的实证研究结果则与理论研究保持一致：针对河流污染问题的实证研究发现，跨越国境的河流比一国内部的河流受到了更多的污染（Sigman，2002）；针对美国国内河流污染的研究发现，当州政府被授权可以自主实施《水清洁法》（"Clean Water Act"）时，就会采取"搭便车"行为从而导致被授权的州内部河流水质量要比其他州低了4%；当一条河流形成两个州的边界，对其中一个州授权会使河流水质量低了6%。针对环境污染控制标准的实证研究同样证明了"以邻为壑"政策的普遍存在：美国州政府对边界地区的污染控制标准低于本州内污染控制的标准（Helland et al.，2003）；巴西县级政府在环境污染控制上同样存在"搭便车"行为（Lipscomb et al.，2008）。

三、简要评述

在"用脚投票"和西方式民主的政治理论基础上，公共品应该由哪一层级的政府进行供给一直是第一代财政分权理论研究的重点问题。具体到环境问题，由哪一级政府作为环境政策的制定者和执行者就成为环境联邦理论研究的焦点，作为该问题的延伸，环境联邦理论对环境质量的分类作了进一步的讨论。在这一理论框架内，针对不同类型的环境质量具体应该由哪一级政府提供的研究基本达成共识，这也为政府明确不同类型环境污染的治理责任提供了明确的理论指导。第一代财政分权理论是建立在一个近乎理想的框架内。在该框架下，各级政府被看作利益统一的整体，"仁慈"的地方政府将居民的福利作为制定和执行政策的唯一标准。然而正如第二代财政分权理论指出的那样，各级政府的利益存在差异，地方政府有自己的利益，在制定和执行相关政策的时候并不会单纯依据当地居民的福利水平。以信息不对称、委托代理和激励相容理论为基础的第二代财政分权理论很好地解决了这一问题，在该理论框架下，扩大自身预算约束成为地方政府的利益所在，从而衍生出地区间的财政竞争。

分析地区间的政府竞争所带来的环境后果成为第二代财政分权理论研究的基本范式。具体到环境问题上，政府竞争会引发"竞争到底""竞争到顶"和"以邻为壑"现象成为理论和实证研究的重点。令人遗憾的是，虽然第二代财政分权理论很好地弥补了此前对于各级政府之间的关系以及政府动机认识不足的缺陷，但同时忽略了第一代财政分权进行详细讨论的问题——污染物性质分类的问题。此外，需要指出的是，虽然第二代财政分权理论强调的是地方政府分权的作用，但是该理论中强调地方政府最大化财政收入的目标与中国的现实还存在一定差距。此外该理论过分强调地方政府最大化的"市场保护行为"，却忽略了中央政府作为制度供给方的作用。

第二节　中国制度背景下的财政分权理论

一、地方官员的职业发展动机与中央的考核标准

随着针对中国这种权威体制研究的不断加深，理论界开始广泛诟病第二代财政分权理论中地方政府的财政收入目标以及中央政府作用缺失的问题。对针对财政收入目标理论，有研究指出中国地方政府官员的升迁与经济增长率成正相关（Li et al.，2005），因而地方政府的目标应该是拉动经济增长，而不是扩大财政收入（周黎安，2007）；针对中央政府缺失的问题，有理论指出，中国经济奇迹的发生不能仅从经济上的分权进行解释，其成功还来源于中央政府在政治上的集权。还不足以完全解释中国经济奇迹的产生，中国的成功还在于其政治上的集权。

由于第二代财政分权理论与中国现实情况的脱轨，"锦标赛"理论（周黎安，2004，2007；Li et al.，2005）以中国的制度安排为依据，提出了中央政府和地方政府之间全新的"委托—代理"关系，因而逐渐取代"市场保护型联邦主义"理论成为基于政治经济学视角解释中国经济奇迹的主流学说（皮建才，2012）。该理论认为，中央对经济增长有需求，而地方官员需要的是晋升，因此中央将经济增长作为晋升的考核指标，这也就形成了"中央供给政治晋升，得到经济增长；地方官员供给辖区经济增长，得到政治晋升"的制度安排（徐现

祥，2011）。在这一制度安排下，中央政府以 GDP 增长率作为地方官员的考核指标，并以此作为地方官员考核的标准；在此激励下，地方政府官员为了实现辖区内快速的经济增长，会改善辖区内的基础设施（张军等，2007；王世磊等，2008），会采取地方保护主义或者进行市场分割（徐现祥等，2007；皮建才，2008）等策略。其中，环境规制竞争是政府竞争最为常见的策略之一。

二、环境污染——为增长而竞争的代价

（一）官员职业发展动力——地方政府进行环境规制竞争的"动机"基础

虽然中国的环境规制是由中央政府统一制定的，但是各地的地方政府在执行环境规制时往往存在"放松"执行力度的现象，从而导致环境规制的非完全执行（韩超，2014；韩超等，2016）。由于政府所表现出来的各种特征其实是政府官员动机的体现（钱先航等，2011），而地方政府官员的动机往往和中央政府官员的动机有所差异，所以才导致地方政府"执行"政策与中央政府"制定"政策产生了偏差。现有研究认为造成这种偏差的原因在于不同层级政府官员的动机差异：第一，地方官员偏好，官员自然希望政策的制定和执行符合自身的偏好，有关研究表明地方官员的偏好不仅会影响地方政策的制定（Folke，2014），还会导致对中央统一政策的执行出现偏差（Sjöberg，2016）；第二，外部激励，升迁对地方官员而言是一种最为常见的外部激励，根据"锦标赛"理论（周黎安，2004，2007；Li et al.，2005），改革开放以来中央政府将 GDP 作为地方官员升迁最主要的考核指标，在升迁激励下地方政府官员为了吸引投资、促进辖区内的经济增长，会采取降低辖区内环境规制的策略（李胜兰等，2014；赵霄伟，2014）。

虽然针对升迁激励，中央政府已经明确将环境指标纳入考核体系，但是环保指标的激励作用并不明显（周黎安，2007）。造成这种现象的原因主要有以下三点：第一，现有的考核体系中 GDP 指标属于可以量化的相对客观的指标，环境保护指标则是难以进行量化的主观的指标（周黎安，2007）；第二，由于刺激 GDP 增长可以通过简单粗放的政府投资迅速见效，而环境保护的效果则比较缓慢，在花费同样努力程度的情况下，地方官员往往会选择能够短期见效

的 GDP 指标；第三，由于目前考核体系所包含的指标越来越多，容易导致激励标准的模糊化（韩超等，2016），进而弱化环保指标的激励作用。

（二）地方政府的影响力——地方政府进行环境规制竞争的"能力"来源

地方政府有"动机"进行环境规制竞争，但是，为何地方政府能够对环境规制的执行施加影响呢？现有研究显示，地方政府之所以可以对环境规制的执行施加影响，是因为地方政府可以影响对环保部门官员的行为决策（张华，2016）。一般认为，环保部门的职责在于环境治理，其官员的主要政绩也取决于环境污染的治理情况，为了自身政绩，环保部门官员应当严格执行环境规制（韩超等，2016）。事实上，地方上的环保部门长期以来都隶属于地方政府，仅需要对地方政府负责。不仅如此，环保部门的资金来源与使用以及人事权等在很大程度上都要受地方政府约束。也就是说，地方环保部门不具备独立执行中央环境规制的制度基础（韩超等，2016）。再者，有研究表明，即使地方环保部门具备独立性，资金和人事权力不受地方政府约束，来自地方政府的政治压力也会影响环保部门执行环境规制的力度（Sjöberg，2016）。

（三）环境污染——"能力"与"动机"相结合产生的必然结果

正是因为地方政府有动机而且有能力影响环保部门对环境规制的执行，所以有关地方政府环境规制策略的实证研究结果都表明：在现有考核体系和制度安排下，地方政府为了从"锦标赛"中获胜，会竞相采取措施影响当地环保部门的环境政策执行，从而降低当地的环境规制，以换取当地的经济增长（张华，2014；王宇澄，2015；傅强等，2016；徐彦坤等，2017），甚至还会采取竞争策略（Cai et al.，2016）。

在强大中央政府的制度安排下，中国建立了将政治晋升与财政分权相结合的治理模式，从而形成了具有鲜明中国特色的官员晋升激励机制（皮建才等，2014），从中国改革开放以来经济发展的成果来看，这一治理模式无疑是非常成功的。但是正如周黎安在《转型中的地方政府：官员激励与治理》一书中介绍的那样，"'锦标赛'是一把'双刃剑'，它的激励本身也内生出了一些副作用"（周黎安，2008），而随着经济的发展，地方政府过度竞争所引发的副作用日益突出（皮建才，2012）。这一发展模式所带来的"成本"（例如重复建设、产能过剩等）也逐渐成为学者们所研究的热点问题（王永钦等，2007；傅勇，2008；杨其静，2010），其中为增长而竞争所引发的环境污染就是其中之一。

三、简要评述

"锦标赛"理论从政治经济学的角度出发，以中国特有的地方政府财政分权和中央政府政治集权的制度为基础，研究了中国治理模式和激励机制所带来的经济奇迹和不利影响。虽然和第二代财政分权理论一样，"锦标赛"理论依然将对经济现象的解释落脚于政府竞争，但是相比于第二代财政分权理论，无论是地方政府的行为动机还是中央政府的作用都得到了更好的体现并更加符合中国的现实。目前，该理论已经得到了学术界的广泛认可。针对中国面临的环境问题，现有研究以"锦标赛"理论为研究框架认为地方政府有动机而且有能力影响环保部门对环境规制的执行，从而引发了地方政府间关于环境规制的竞争，进而导致实际执行环境规制时出现"偏差"。整体而言，该理论符合我国基本制度安排和现实情况，而且得到了中国中央政府的认可，并采取措施改变。然而，该理论仅关注地方政府官员升迁的制度安排，却忽略了我国现有的其他制度安排，因此对于其他能够激励地方政府官员的动机很少涉及，尤其是中国地方政府之间虽然普遍存在环境规制竞争的现象，但是各个地方也会投入数额庞大的环境治理支出。那么应当如何理解这种行为呢？显然，政治"锦标赛"理论无法进行很好的回答。此外，和第二代分权理论一样，"锦标赛"理论目前缺乏对不同类型环境质量的研究，在该理论体系下，地方政府并不会因为污染物类型的不同而给予不同的待遇，这也与现有的实证研究结果（闫文娟等，2012）相左。

第三节 外商直接投资对环境的影响

一、外商直接投资的环境影响——"污染避难所"还是"污染光环"

目前，学术界对外商直接投资对于环境污染的影响进行了大量的理论和实证研究。然而，外商直接投资对于当地环境质量的影响仍然存在一定的争议。"污染避难所"理论（Copeland et al.，1994；Mani et al.，1998；Markusen et al.，1999；Henderson et al.，2007）认为，由于发达国家更加重视环境质量，所以环境规制强度更大，因此发达国家的高污染企业会向其他环境规制强度较弱的国家转移；而发展中国家，由于经济发展较为落后，发展经济的愿望更为迫切而且环保意识不够，所以为了吸引更多的外国投资，会刻意降低环境规制强度，因此发达国家的高污染企业选择在这些国家投资。于是"污染避难所"理论认为外商直接投资会导致东道国环境污染更加严重。"污染避难所"理论往往和"竞争到底"理论相互补充：发展中国家为了发展经济不惜降低环境规制吸引外国资本投资，从而国家与国家之间产生环境规制的"竞争到底"现象，而这种竞争往往导致外国资本向环境规制最弱的地区集聚，该地区就会形成所谓的"污染避难所"。"污染避难所"现象不仅会因为国家之间的竞争而存在，地区之间的竞争同样会导致"污染避难所"现象。由于外商直接投资是拉动经济增长的一大动力，所以各个地区的政府官员为了拉动当地经济增长从而在"锦标赛"中获得胜利，就会对吸引外资产生竞争，而这种竞争同国与国之间的竞争相似，也会形成"竞争到底"的结果从而导致"污染避难所"现象出现。

与之相反，"污染光环"理论（Lopez，1994；Taylor，Antweiler et al.，2001；Cole et al.，2005；Wang，Wei et al.，2007）则认为，发展中国家的生产技术水平和节能减排的水平较差，而发达国家的绿色节能技术或清洁生产技术水平较高，外商直接投资可以通过三个方面提高东道国的污染治理水平。第一，当发达国家的企业向发展中国家的企业进行投资时会带来先进的绿色节能技术、清洁生产技术以及相关设备，而这些技术和设备的到来无疑有助于降低东道国的环境污染。第二，由于技术的外溢性，本国企业可以学习和模仿外国资本带来的先进生产技术和先进的减排技术，因而外商直接投资可以通过技术溢出效应提高东道国企业的生产率，从而使东道国节约要素资源禀赋投入，降低污染物排放强度，进而改善了东道国的环境质量。第三，由于环境规制的存在，具有较高减排技术的外商投资企业面临的环境成本较低，而缺少减排技术的东道国企业则要面临较高的环境成本，这就使东道国企业将不得不面临成本竞争的劣势。为了弥补这一劣势，东道国企业会投入更多的科研支出，提高减排技术从而能够和外商企业进行竞争，这最终也会促进东道国减排技术的提高，从而提高东道国的整体环境水平。

二、相关实证研究

对于外商直接投资是导致"污染避难所"现象还是导致"污染光环"现象，相关的实证研究同样存在争议。支持"污染避难所"的实证研究发现外商直接投资与国家之间的税收竞争有直接关系，各个国家的环境规制竞争大都基于吸引投资考虑（Letchumanan et al.，2000）。更多的实证研究表明，外商直接投资和污染物水平直接相关（陈晓东等，2016；卢进勇等，2014），例如中国接收外商直接投资越多的地区二氧化硫的排放量就越多（He，2006；马春文等，2016）。与此同时，还有实证间接证明"污染避难所"的存在：投入中国的外商直接投资更多地流入了环境规制较弱的国家（Zhang et al.，2008），这意味着外商的投资方向倾向于环境规制弱的地区，因而可以认为外商投资寻求的是环境成本低的地区。不仅如此，从发达国家的角度来看，本国对外投资较多的企业也都集中在污染水平较高的化工产业（Manderson et al.，2012）。

同时还有很多实证研究支持"污染光环"现象，在使用跨国数据进行的实证研究发现跨国企业并没有集中在污染行业。同时，通过对比跨国企业和本土企业能源和高污染燃料消耗数据发现，跨国企业具有更高的能源使用效率以及更有可能采用清洁能源因而存在"污染光环"现象（Asghari，2013）。针对中国的实证研究则发现，外商直接投资整体上有利于中国省级层面的环境质量改善，但是不同来源地的外商直接投资对区域环境污染的影响程度存在显著的差异，例如来自全球离岸金融中心的外资显著降低了中国的污染，东亚、欧美等发达国家的外资对环境污染的改善不明显（许和连等，2012）。

当然，还有实证研究认为，外商直接投资对于东道国的区位选择和当地的环境规制没有显著关联，而且外商直接投资也不会对环境质量产生显著的影响（Levinson，1996；李小平等，2010）。这就意味着"污染避难所"和"污染光环"的理论都不成立，外商直接投资与环境规制、环境质量没有联系。

三、简要评述

在"锦标赛"理论框架下，地方政府官员会为了发展经济而开展各种竞争，环境规制能够直接影响经济发展所以成为各地政府的竞争目标，而外商直接投资能够显著地拉动地方经济发展，自然也会成为各地竞争的目标。因此，讨论外商直接投资对环境规制的敏感程度以及外商直接投资对环境质量的影响也就成为地方政府竞争框架下不可缺少的部分。因此，外商直接投资的相关理论是基于"锦标赛"理论研究地方政府竞争对环境质量影响的一个很好的补充。当然，现有研究仍然存在一定分歧，而带来这种分歧的原因在于外商直接投资增加污染排放和减少污染排放的效果是同时存在的，因为外商直接投资确实从国外带来了高污染产业，但同时也带来了更好的生产技术和减排技术，最后的效果当然要取决于两种效果的综合，利用不同国家、不同时间段的数据自然会有不同的结果，这也导致了现有实证研究出现如此之大的差异。

第四节　文献总述

财政分权理论主要从地方政府对环境规制强度选择的角度出发，研究环境污染治理的问题。由于政府所表现出来的各种特征其实是政府官员动机的体现（钱先航等，2011），因而地方政府对环境规制强度的选择实质上是各种动机的结合。由于财政分权的制度允许地方政府具有一定的自由裁量权，因而地方政府官员可以根据自身动机的需要制定政策。具体到环境问题，第一代财政分权理论建立在"仁慈的政府"基础之上，认为政府的目标是实现居民效用水平的最大化，强调了政府纠正"市场经济失灵"的职能，并重点讨论了最优环境供给的政府层级；第二代财政分权则将政府的目标设定为财政预算收入的最大化，强调了政府间的竞争尤其是税收竞争和 FDI 竞争的环境影响；"锦标赛"理论则结合中国的制度背景，将地方政府的目标设定为经济增长率，重点分析地方政府为了在"锦标赛"中获胜在环境规制和 FDI 方面竞争所产生的环境影响。

由于"仁慈政府"的假定与实证研究的结论相违背,第二代财政分权理论和"锦标赛"理论更加受到理论界的认可。严格意义上来说,预算收入最大化动机和职业发展动机是存在差异的——前者强调政府机构扩大其预算的目标,而后者则强调政府官员自身的职业发展目标;前者的动机是财政分权体制下地方政府的自我激励;而后者则属于中国自上而下治理体制下,中央政府设置的制度激励。虽然实证研究证明地方政府确实存在为发展经济而选择降低环境规制强度,但是在理论研究中,对于地方政府发展经济的动机存在一定的争论(周黎安,2004;陶然等,2010)。只是有些实证研究认为这是出于财政动机(Weingast,2009;席鹏辉,2017;席鹏辉等,2017;张晏等,2005),而有些实证研究则认为,这是出于职业发展动机(张文彬等,2010;张华,2014;马春文等,2016)。当然,扩大财政收入就可以有更多的支出用于地方投资,从而能够更好地拉动当地的经济增长,所以也可以认为这两种动机是一致的。

然而,现实中虽然地方政府会选择放松环境规制的强度,但是地方政府并没有完全放弃环境污染治理,甚至每年都会投入大量资金用于环境污染治理,那么地方政府环境污染治理的内在动力又是什么呢?无论是第二代财政分权理论还是"锦标赛"理论,地方政府都没有任何治理环境污染的内在动力。此外,现有研究认为非正式的环境规制能够影响地方政府的环境规制行为(彭星等,2013;郑思齐等,2013;李欣等,2017),那么这种非正式的环境规制为什么可以激励地方政府进行治理呢?地方政府治理环境污染的内在动力又是什么呢?此外,第一代财政分权对不同污染物进行了详细的探讨,然而第二代财政分权理论和"锦标赛"理论却忽略了这一重要问题,这实质上意味着地方政府面临不同污染物时选择环境规制强度的策略都是一致的,然而有研究发现,财政分权对于不同性质的污染物具有不同的影响,那么为什么会出现这种不同呢?本书一方面梳理了地方政府放松环境规制和治理环境污染的动机,并将其纳入同一研究框架,以期弥补现有研究中对于地方政府行为动机缺少系统性研究的不足,另一方面本书还将从理论和实证两个角度研究地方政府对不同污染物选择环境规制的策略。

第三章　基本概念界定与理论模型的现实基础

本章将介绍基本概念，并对我国中央政府的治理模型进行梳理，介绍政府效用函数的设置基础，最后将给出地方政府的效用函数和其他相关函数的设置。

第一节　相关概念界定

一、财政分权和财政联邦主义

在政治学中，"分权"和"联邦"往往被认为是中央政府和地方政府相互独立而又相互协调的制度安排。与政治学中对"分权"和"联邦"的严格定义不同，经济学中强调的"分权"和"联邦"概念不再是一个严格的定义，而是一个相对的概念，而这种概念要更加宽泛。一般而言，只要中央政府给予地方政府在一定程度上的税收权力和支出权力，并且允许地方政府在一定范围内制定自身的经济政策、预算收入和支出制定，那么就可以认为存在经济学意义上的财政分权；"联邦主义"与之类似。事实上，在西方经济学的文献中，财政分权和财政联邦主义的概念基本一致，只是前者更加强调财政收入以及支出权力的分配问题，而后者则更加强调公共品供给的决策问题。奥茨认为，无论是绝对的中央集权政府，还是绝对自主的地方政府都是不存在的，因而将"联邦政府"定义为：一个同时具有中央和地方决策过程的政府部门，通过它提供相关公共服务水平的选择（Oates，1972）。根据这一定义，现在所有国家都采取的是联邦政府体制，或者说都采用的是财政分权体制，但是分权的程度与结构存在一定差异。

二、中国式财政分权

根据以上定义，可以判定我国属于财政分权体制，但是在权力分配的结构和程度上与其他国家都存在差异。首先，在中国不具备政治学意义上的"分权体制"，但是地方政府在财政收支上具有一定的自主权，因而可以认为地方政府具有"事实性财政分权"（龚锋等，2010）；其次，虽然从改革开放到1993 年，中国呈现出了增加地方政府财政分权的趋势，但是在 1994 年的分税制改革以后，中央政府加强了中央的财政集权，并成功收回了地方政府大部分的财政收入权力（陈硕，2010；陈硕等，2012），自此地方政府开始逐步丧失独立的财税权，不过地方政府仍然在一定程度上拥有利用自有财政收入供给公共品的职能；最后，中国的行政体制是建立在政治高度集权的基础之上，政府官员由上级政府任命，因而地方官员需要对上负责向下治理，从而形成了以中央政府绝对权威为核心的治理体制，所以在地方政府保持与中央政府目标相一致的时候，中央政府分权给地方政府有利于实现中央政府的经济和政治目标。

总结中国式财政分权可以发现其具备以下特点，第一，中国式财政分权不是政治学意义上分权，是一种非正式法律意义上的分权制度，是在实际运作中形成的一种"事实性分权"；第二，在总体的分权结构中，政治权力特别是人事权更加集中于上一级政府，而经济政策制定、地方公共品供给决策和财税权则相对下放到地方政府；第三，在经济政策制定、地方公共品供给决策和财税权的分权结构中，财税收入权和分配权更加集中于中央政府，而经济政策的制定、地方公共品供给决策和财政支出决策的权力则相对下放到地方政府。

在这种制度特点下，一方面，中央政府具有足够的权威，可以通过政治权特别是人事权激励地方政府并且使用财税收入约束地方政府，以使地方政府遵循中央政府所设定的发展目标；另一方面，地方政府在制定经济政策、使用财政支出、提供公共品时具有相对独立性和自由裁量权。

第二节　理论模型构建的现实基础

一、中央政府目标和分权的效率

正如奥茨的论述，这个世界上没有任何一个政体属于绝对的集权体制，也没有任何一个政体属于绝对的分权体制，分权只是一种更有效率的治理模式。在中国式财政分权体制下，中央政府和地方政府形成一种"委托—代理"模式，通过设置政治激励，激励地方政府努力实现中央政府所制定的目标。

（一）中央政府目标

事实上，在大部分的经济学教科书中都明确地将政府进行宏观调控的目标定义为"促进经济增长""增加就业""保持物价稳定"和"维持国际收支平衡"。人们也认为这些是中央政府理所当然的目标，而从未考虑中央政府为何要努力实现这些目标。

如果将中央政府视为"理性人"，而理性人决策均以效用水平最大化为目标，那么中央政府的诉求又是什么呢？本书认为，对于世界上任何一个国家，其中央政府的核心诉求都是维护政权的稳定性。事实上，政府进行宏观调控的目标"促进经济增长""增加就业""保持物价稳定"和"维持国际收支平衡"都是在为这一目标服务。仔细思考这些目标可以发现，这些目标中"促进经济增长""增加就业""保持物价稳定"均是以"民生"为目标。这是理所当然的——解决民生问题是任何一个中央政府维护其政权的重要策略，当然本书并不否认"非民生"类问题的重要性，例如"维持国际收支平衡"对于国家政权的稳定同样重要，但是由于本书并不涉及国际贸易等问题，而只考虑国内的经济发展和环境污染问题，因此涉及国际贸易等国际问题的部分不属于本书讨论的范围。此外，并不考虑中央政府以及居民的政治诉求，因而仅将中央政府的目标限定在维护国内统治的稳定性，该目标等同于实现居民效用水平的最大化，而且将居民的效用函数设定为传统的经济学效用函数——只涉及经济因素（消费和污染），并不涉及其他因素。

（二）分权的有效性

虽然中央政府的目标是实现居民效用水平的最大化，但是各个地方的居民偏好存在巨大差异，例如处于不同发展阶段的居民对于经济发展与环境质量的权衡是存在差异的，处于经济发达地区的居民更加偏好环境保护；处于经济欠发达地区的居民更加偏好经济发展。正如第一代财政分权理论所描述的那样，相比于地方政府，中央政府在了解当地居民偏好方面处于天然的劣势。不仅如此，在政策的具体制定和执行上，地方政府都存在因地制宜的"优势"，基于这两点，分权是一种更加有效率的制度安排。

如图 3-1 所示，中央政府的目标是实现居民效用水平的最大化，但是由于存在地区差异而且区分成本太高，所以中央政府很难制定细致的差异化的政策实现各个地区居民的效用水平最大化。因而，如果存在一个完全集权的中央政府，那么将不得不以全国范围的平均水平制定统一政策，而这时至少存在一个帕累托改进。中央政府可以通过"政治激励"和"财政分权"的制度安排，促使地方政府制定和实施因地制宜的政策，实现"存在差异的居民效用水平最大化"，进而实现完全集权中央政府制定政策状态下的一个帕累托改进。

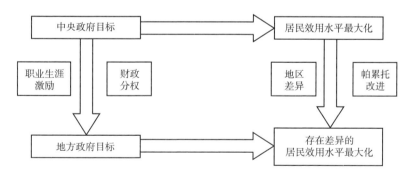

图 3-1 分权的有效性

二、中央政府的治理模式

（一）中央政府的监督机制——居民合理表达不满

以上是一种理想状态的纯理论分析。在该理论框架下，中央政府和地方政府实质上是一种"委托—代理"关系,而在委托代理关系中,信息的不对称和双方目标的不一致往往会导致代理方损害委托方的利益。由于可能存在的道德风险和逆向选择问题,委托方需要建立其行之有效的激励体制和监督体制以促使双方的目标趋于一致(Pratt et al.,1985)。在中国自上而下的治理体制下,中央政府拥有绝对的政治权威,对下进行监督。但是由于信息的不对称,如同委托代理问题中委托方往往会遇到"监督成本"过高(Jensen et al.,1976)的问题一样,中央政府也可能会面临在信息不对称的条件下,自上而下的监督往往是低效率的。但是,民众可以通过合理表达不满向中央政府传递有价值的信息(O'Brien,1996),中央政府则可以从民众对地方政府表达不满中得到无法从地方政府那里得到的信息,进而可以更好地实现监督目的(Lorentzen,2008)。

(二)中央政府的激励机制——"锦标赛"机制

即使"监督机制"具有一定的效力,然而还是无法很好地调动地方政府的积极性,官员治理的核心是"选对激励"(Easterly,2002),因此建立起一套行之有效的激励体制是"委托—代理"关系中另一个关键。

1. 激励标的物——晋升。根据本书对中央政府目标的设定,中央政府对地方政府实施激励政策源于实现"地区间存在差异的居民效用水平最大化"目标,一般情况下居民对消费、公共服务、环境保护、公共治安等各个方面都有诉求,而这些诉求都需要一定的财政支出作为保障,如果使用经济激励(转移支付)作为激励标的,无疑会限制目标的实现。相比之下,首先,政治激励(晋升激励)并不会妨碍地方政府实现这一目标,而且由于晋升激励而给与的职位是在事前就固定的,只要存在空缺就需要提拔,并不需要委托方的额外资源(Malcomson,1984)。而财政的划拨则取决于中央政府的财政收入,所以对中央政府而言,将激励标的设置为政治激励(晋升激励)是更有效的。其次,地方政府具有追求高财政收入的动力,所以在财政上的转移支付激励对于地方政府而言是有效的(Qian et al.,1997;1998)。最后,在中国现有的行政体制下,地方政府的权力是相对集中的(周黎安,2007),因而地方政府的行政长官完全有能力追求更具有吸引力的选项,正是这种权力的集中使针对地方官员的激励成为可能(Frye et al.,1997)。综合以上三点可以看出,无论是从中央政府目标的角度，还是从地方官员的角度，升迁都是一个更好更有效的激励标的，而且在中国现有的体制下，具备实现这一激励的制度基础，所以升迁成为中央政府重要的激励标的物。

2. 激励的形式——"锦标赛"。根据周黎安（2007）的定义，"锦标赛"是上级部门对多个下级部门官员的一种激励安排，获胜者可以得到激励的标的物（晋升资格），而竞赛的标准是由上级政府制定的可以度量的指标。作为一种激励形式，"锦标赛"并不考核参赛者的绝对成绩，而是考核参赛者竞赛的相对成绩，这使"委托方"在对参赛人进行绩效比较的时候能够剔除影响结果但是却无法观察的共同因素，能够提高评价的精度和激励的强度，所以"锦标赛"不仅方便比较而且方便实施（Lazear et al.，1981；周黎安，2007）。中国的现有体制满足了以下条件，所以"锦标赛"形式的激励机制可以顺利且有效实施：第一，标的物的可行性，中央政府掌握人事权，所以可以晋升作为激励的标的；第二，绩效的可量化性，虽然居民的效用水平很难予以量化，但是长时间以来，中央政府实施的 GDP 增长率等指标是可以量化的；第三，绩效的可比性，省级及省级以下的区域在经济绩效等方面都具有可比性；第四，绩效的可得性，地方政府特别是地方政府行政长官有足够的影响力和控制力，对需要进行比较的绩效产生影响；第五，官员的合谋并不会对"锦标赛"过程产生威胁（周黎安，2007）。"锦标赛"的形式激发了地方官员的能动性，刺激地方官员为上级政府制定的目标而努力，而且这种刺激能够逐级放大，使中国的"锦标赛"机制取得成功。

（三）中央政府的激励和监督的考核标准

1. 激励指标——GDP 增长率。在"锦标赛"制度的安排下，绩效考核的指标必须是可以量化、比较而且地方政府官员可以通过努力实现的。中央政府的目标是实现差异化的居民效用水平最大化，但是居民效用水平最大化的目标是难以用指标进行度量的，考虑到中国经济发展落后的现实，如果取得经济增长，那么可以在很大程度上接近"居民效用水平最大化"的目标，因此在很长一段时间内，中央政府以 GDP 的增长率作为一个简单的替代指标，并以此为基础实施"锦标赛"制度。

2. 监督指标——居民表达对地方政府不满的数量。"锦标赛"依赖于可以进行测度的指标，但是中央政府要求地方政府实现的目标事实上是一种多维度的目标，在"委托—代理"的理论中，如果委托方需要代理方完成多个维度的任务，一旦激励机制只能基于可测的目标，这时代理方就会将精力集中于可测度的目标而忽略其他同样重要任务，导致代理方的资源错配（Holmstrom et al.，1991）。由于信息的不对称以及测度的难度，中央政府很难直接对地方政府进行有效监督，但是中央政府可以从民众合理表达不满中得到简单有效的信息。很显然，一个地区居民表达对地方政府不满程度越大，那么这个地区的地方政府对于中央政府所想要达到的目标距离越远，而如何测度民众表达对地方政府不满程度则相对容易，如每个地区的上访数据、群体性事件数据、媒体舆论等都可以很好地反映民情。

（四）中央政府治理模式

通过以上分的梳理和分析，确定了中央政府对地方政府的激励机制和监督机制，并明确了两种机制的考核标准，因而可以很容易得到如图 3 - 2 所示的治理模式：中央政府通过晋升激励机制刺激地方政府官员为地方的 GDP 增长率而努力，同时为了保障其他任务不至于受到严重影响，中央政府还会利用居民的合理表达不满，并以此为依据实施惩罚监督机制，从而对地方政府官员的努力方向予以调整。

三、地方政府官员的行为动机与目标选择

在如图 3 - 2 所示的中央政府治理模式下，中央政府通过激励机制和监督机制影响地方政府官员的治理行为，因此地方政府官员会产生两个方面的行为动机，而现有文献中大都仅关注由于激励机制而产生的动机，而忽略了监督机制所产生的动机。

（一）"降低规制强度"与职业发展动机

由于"锦标赛"实施的前提限制，所以中央政府不得不选择一个可以量化的指标，在过去很长一段时间，中央政府一直选择 GDP 增长率作为"锦标

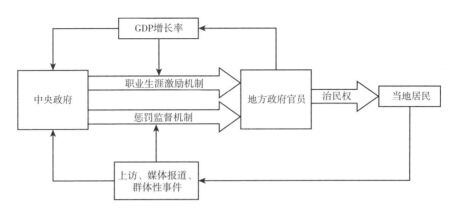

图 3-2 中央政府的治理模式

赛"的考核指标,在这种强刺激的激励下,地方政府官员为了追求晋升,就会千方百计地拉动地方经济增长。在这种情况下,市场中具备一定影响力的企业(被规制者)就可以利用发展地方经济的动机,迫使地方政府官员制定或者执行对其有利的政策规制(Stigler,1971;Hellman et al.,2000;Hellman et al.,2003;杜传忠,2005;龚强等,2015),例如降低食品安全规制(龚强等,2015)、降低安全生产规制(顾振华等,2017)、降低环境规制(张华,2016)等。

(二)合理表达不满与内在治理动力

除了主动追求个人的晋升,地方政府官员不得不面临中央政府的直接监督以及来自民众以及舆论的压力,特别是一味追求职业发展动机时可能引发民众的不满(O'Brien,1996)。一旦这种不满较为严重时,即使在"锦标赛"中取得了优胜也很难获得晋升机会;相反地,还会遭到中央政府的惩处。为了避免这种事情发生,地方政府官员会产生除拉动 GDP 增长率以外的内在治理动力。在此动机下,地方政府官员还会努力将其治下地区的"上访""群体性事件"乃至公共舆论的不利报道等指标降到中央政府可以接受的水平以下,因此这种机制也被一些学者视为自上而下治理结构的稳定机制(曹正汉,2011)。

（三）地方政府官员的目标选择

根据以上分析可以知道，在晋升激励机制下，地方政府官员会努力提高当地的 GDP 增长率，在这种情况下往往会降低规制强度的现象；然而地方政府官员还必须接受中央政府的管理监督。在这种情况下，地方政府官员并不能无限度地追求晋升利益，特别是在利用降低规制、强调策略提高 GDP 增长率时，还需要顾及其他民生问题以提高自辖区内居民的满意度，以降低被中央政府惩罚的可能性。因此，如图 3-3 所示，地方政府官员实质上具有两个目标：提高当地的 GDP 增长率和降低当地居民的不满意度。当然，也可以认为地方官员的目标是在保证当地居民具有一定满意度的条件下尽可能地追求 GDP 增长率。当然，这里需要指出的是，提高 GDP 增长率在大部分情况下有利于提高居民的满意度，但是当通过降低规制强度提高 GDP 增长率时很可能会影响其他民生问题并降低居民的满意度。

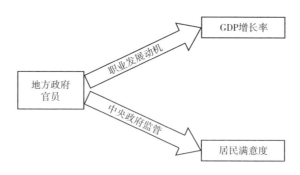

图 3-3　地方政府的目标选择

四、政府治理体制的总结

前面已经对中央政府的目标、中央政府选择分权的原因（更有效率）、中央政府的治理模式、地方政府官员的行为动机和目标进行了分析，对以上部分进行整合总结可以得到中国现有政府体系下的治理体制。如图 3-4 所示，中央政府的最终目标是实现地区间存在差异的居民效用水平最大化，为了实现这一目标，中央政府采用了"晋升激励机制"和"惩罚监督机制"两种方式促使地方政府官员为实现经济增长和保证民众满意度而努力。

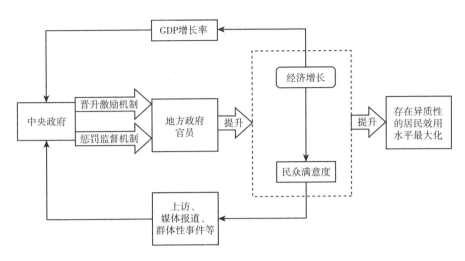

图 3 - 4　政府自上而下的治理体制

第三节　经济增长理论中政府效用函数的设置

现有的经济增长理论主要讨论如何设置环境规制或者环境税，以及环境规制或者环境税对经济增长的影响，并没有考虑财政分权的问题，而是直接模糊地将政府设置为中央计划者，并且为了求解的方便，政府部门只涉及预算约束问题，往往是将政府的预算约束纳入全社会的收支体系，从而实现收支平衡以达到求解目标（Hettich，1998；Cremer et al.，2010；范庆泉等，2016）。在这样的设置下，至少存在以下三个问题：第一，该设置忽略了财政分权的存在，将地方政府和中央政府视为一体，在这种设置下地区的差异的环境规制无法实现，而且并不符合目前任何一个国家的现实情况；第二，无论是由中央政府统一制定的环境规制，还是由地方政府各自制定的环境规制，地方政府都能够有足够的影响力使环境规制的实施产生偏差（Fredriksson et al.，2002；Sigman，2005；Sjöberg，2016）；第三，这样的设置等同于认同"仁慈的政府"假设，忽略了政府存在的行为动机，然而事实上，地方政府官员会因为自己的偏好和利益影响环境规制的制定和实施（Besley et al.，1997；Chattopadhyay et al.，2004；Persson et al.，2005；Svaleryd，2007；Folke，2014；Sjöberg，2016；姜珂等，2016；韩超等，2016）。

为了解决以上三个问题，结合中国政府的治理体制，在经济增长模型中做了如下安排：首先，对中央政府和地方政府予以明确区分；其次，设定地方政府具有使规制在执行过程中产生偏差的能力；最后，设定各级政府的效用函数。此外，需要指出的是本书研究的重点是环境污染的治理问题，为了使理论模型更加简洁，本节忽略了各级政府对于其他方面规制政策（例如安全生产等）的制定和实施，而仅讨论环境规制的制定和实施，当然理论框架完全可以推广到其他能够影响经济增长的规制研究。

一、中央政府的效用函数

如前文分析的那样，将中央政府的目标函数设定为实现居民效用水平的最大化，然而就像大部分理论所描述的那样，规制的制定和执行会影响经济的增长和居民的效用水平，由于不同地区之间的居民具有不同的偏好，而且生产技术存在较大差异，所以中央政府会希望能够制定和执行具有地区差异的规制政策，以实现满足存在差异的居民效用水平最大化。然而，由于收集信息的成本过高，中央政府无法"因地而异"地制定环境规制，所以中央政府只能给予地方政府一定的自由裁量权，以便其能够实施差异化的环境规制。正如人们在现实中看到的那样，中央政府在制定环境规制政策时，往往是给出一种指导性文件，并给予地方政府充分的自由裁量权。不过，由于信息的不对称，中央政府一方面很难察觉地方政府的环境规制是否符合指导性文件所指定的范围；另一方面也很难观察到各个地区的居民是否实现了效用水平的最大化。由此可见，中央政府无法观察到目标真实的实现情况。为此，中央政府只能观察其他的指标来估计目标的实现情况，根据前文的分析，用以估计的指标包括经济增长和居民的满意度，经济增长可以用 GDP 增长率表征，而居民的满意度则可以用上访数量、媒体舆论反应度、群体性事件数量等指标表征，这里需要说明的是与 GDP 增长率的正向表征不同，这里上访数量、媒体舆论反应、群体性事件数量三个指标越高说明民众的满意度越低，属于反向度量指标。综上所述，中央政府的目标函数应该是各地的 GDP 增长率越高越好，对于环境的上访数量、媒体舆论反应程度以及群体性事件越少越好，为此可以使用以下函数表达：

$$U_{CG}(\dot{Y}(t),N(t))=f(\dot{Y},N) \tag{3-1}$$

其中，U 表示效用，f 表示效用函数，$\dot{Y}$ 表示生产总值（GDP）的增长率①，N 则表示居民的不满意程度，可以使用反向表征居民满意度的指标例如上访数量、群体性事件等，这里为了方便理解选用上访数量指标，下标 CG 表示中央政府，t 表示第 t 期。

对于式（3-1），其一阶导函数还需要满足以下条件：

$$f'_{\dot{Y}(t)}(\dot{Y}(t),N(t))>0、f'_N(\dot{Y}(t),N(t))<0$$

该条件表示，第一，对于中央政府，在其他条件不变的情况下，经济增长速度越快，效用水平越大；第二，对于中央政府，在其他条件不变的情况下，居民的上访数量（不满意程度）越高，则中央政府的效用水平越小。

二、地方政府官员的效用函数

根据前文的分析，地方政府官员需要追求两个目标：提高当地 GDP 增长率以及降低当地居民的上访数量（不满意程度）。显然地，地方政府官员的效用函数应该由这两个变量构成。

具体地，在经济增长方面，由于地方政府官员会尽可能追求晋升，所以地方政府官员会努力提高本期的 GDP 增长率，不失一般性，假设某一地区的地方官员在第 t 期上任，那么该官员无法通过改变环境规制对该地区第 t 期以前的 GDP 产生影响，由于无法对第 $t-1$ 期的 GDP 产生影响，所以为了可以在"锦标赛"中获胜，该地方政府官员只有尽可能地追求第 t 期 GDP 的最大化。在第 $t+1$ 期会出现两种情况：第一种情况，如果该地方政府官员在"锦标赛"中获胜，那么就会获得晋升资格，并且在第 $t+1$ 期离开原岗位，与此同时新的地方政府官员到任，对于新的地方政府官员，他将重复之前地方政府官员的策略。第二种情况，如果该地方政府官员没有在"锦标赛"中获胜，那么将面临两种可能，其一，该地方政府官员届满、被中央政府惩处或者其他原因卸

---

① 本书如果没有特别说明，所有符号上方加"·"均表示该符号代表变量的增长率。

任，其二，既没有升迁也没有卸任。对于卸任的情况，无论是何种原因，在 $t+1$ 期都会有新的地方政府官员上任，此时新的地方政府官员同样会重复之前官员的策略；而对于既没有升迁也没有卸任的地方政府官员，他在 $t+1$ 期仍然将努力追求晋升，而在第 $t+1$ 期的时间点，他同样无法左右第 t 期的 GDP，因而他同样只能努力提高 $t+1$ 期的 GDP。综上所述，地方政府官员无论在哪一期上任，都会尽力提高本期的 GDP 以争取获得晋升资格，地方政府官员并不会考虑经济增长的可持续问题，因为一旦他得到晋升，那么就不必为该地区的经济增长负责，所以对于地方政府官员，规制政策的制定和执行并不是一个"递归"的问题，而是仅考虑当下的问题。

当然，地方政府官员并不可能无限制地追求 GDP 增长率，还必须考虑民众的上访数量（不满意程度）。在中央政府的监督下，地方政府官员在追求 GDP 增长率的同时还需要估计当地居民的上访数量（不满意程度），如果为了追求 GDP 增长率而过度牺牲环境，当地居民就会利用上访、媒体舆论监督、群体性事件等向中央政府表达不满，那么地方政府官员就会遭受相应的惩罚甚至失去晋升资格。因而，在实际操作中，地方政府官员只需要降低居民对其不满的表达就可以，如降低当地的上访数量、减少媒体的负面评价以及避免群体性事件等。当然这并不是一个强约束，居民并不会轻易地选择上访等行为，所以可以认为虽然这一机制对地方政府官员的规制选择产生了一定的限制，但是在某种程度上而言，这种限制是相当宽松的。

综上所述，将地方政府的效用函数设定为以下形式：

$$U_G(Y(t), N(t)) = g(Y(t), N(t)) \tag{3-2}$$

其中，Y 表示当地的生产总值，下标 G 表示地方政府，其他字母含义则与式（3-1）字母含义相同。

对于式（3-2），其一阶导函数和二阶导函数还需要满足以下条件：

$$g'_{Y(t)}(Y(t), N(t)) > 0, g'_{N(t)}(Y(t), N(t)) < 0$$
$$g''_{Y(t)Y(t)}(Y(t), N(t)) < 0, g''_{N(t)N(t)}(Y(t), N(t)) > 0$$

其中一阶条件表示，第一，对于地方政府官员，本地区的生产总值（GDP）越高，在其他条件不变的条件下，晋升的概率就越大，所以效用水平越高；第二，居民的不满意程度越高，中央政府惩罚的概率就越大，则效用水平越小。二阶条件则表示，第一，对于地方政府官员，生产总值（GDP）的边际效用递减的，这是因为在其他条件不变的情况下，对于地方官员而言，在本地 GDP 较小时，通过自身努力使本地的 GDP 提高一定的幅度，则晋升概率会大幅提升，但是当本地的 GDP 已经很高，那么晋升的概率本来就很大，这时再提高 GDP 虽然对于晋升仍然有所帮助，但是并没有决定性意义。这里通过一个简单的例子进行说明：可以假设在其他条件不变的情况下，上一期 GDP 为 100，如果地方官员什么都不做，本期的 GDP 还是 100，经济增长率为 0，那么该官员几乎不可能晋升；如果该官员通过努力将本期的 GDP 拉升到 108，那么经济增长率为 8%，这是一个很高的增长速度，所以官员的晋升机会增大，这里再假设其晋升概率变为 0.8，因此可以认为 GDP 增加 8 个单位对官员的效用水平提高非常多；如果该官员再通过更多的努力使 GDP 提高到 116，那么经济增长率就会高达 16%，那么晋升的概率可能会非常接近 1，但是无论如何不可能超过 1，所以 GDP 再增加 8 个单位能提高官员的效用水平，但是提高的幅度并不会比之前的大，反而会更小。第二，对于地方政府官员，居民上访数量（不满意程度）所带来的负向效用同样是边际递减，这是因为在其他条件不变的情况下，对于地方政府官员而言，在本地居民上访数量（不满意程度）较大时，地方政府官员很可能会受到中央政府的处罚，此时通过自身努力使本地居民上访数量（不满意程度）降低，则中央政府处罚的概率就会大幅下降，但是当本地居民上访数量本来就很少的时候，本身就意味着当地居民的满意程度高，此时再降低居民的上访数量就没有太大意义，因而对官员的效用水平没有明显的助益。

第四节　经济增长理论的其他相关函数设置

本章第一节介绍了理论框架中政府的目标函数，以下将介绍本书理论框架中所使用的经济增长理论模型框架。由于在一般的经济增长理论中并不包括污染问题，因而这里需要特别指出污染物排放量和环境污染水平的关系问题。为了理论分析的简洁性，假设每一期居民所面临的环境污染水平完全是由当期的污染物排放量所决定的，上一期的污染物排放并不会影响本期的污染水平。这样一来，本书的污染物排放量和环境污染水平就相一致，因而除特别说明外，污染排放量和环境污染水平是相等的。

此外，这里还需要说明的是污染物的空间外溢问题。事实上，有些污染物并没有空间外溢性，例如工业固体废物污染物；而有些污染物的空间外溢性非常强，例如二氧化硫。在本章的基本理论框架中，并未考虑污染的空间外溢问题，因而可以认为基本理论框架是针对不具有空间外溢性的污染问题进行的理论探讨。

一、拉姆齐—卡斯—库普曼模型框架

(一) 生产部门

参照拉姆齐—卡斯—库普曼模型框架，假定一个简单规模报酬不变，技术水平为哈罗德中性的柯布—道格拉斯生产函数：

$$Y_0 = F(K, AL) = K^a (AL)^{1-a} \qquad (3-3)$$

其中，Y_0 表示总产出，K 表示资本存量，L 表示劳动力，A 表示技术水平，这里设为哈罗德中性，a 表示资本的产出弹性（$0 < a < 1$），$1-a$ 则表示有效劳动的产出弹性。同时假设，A 和 L 是外生的，其增长率分别为 g 和 n。

对于污染物，假设所有的污染物都来源于生产部门，消费者的经济行为并不会直接带来污染。此外，依据相关研究（Oueslati，2002；Pérez et al.，2007；Itaya，2008；Rubio et al.，2009；Chu et al.，2014；Klarl，2016），将污染物的排放量视为资本投入的非期望产出：

$$P_0 = K^{\varepsilon_1} \qquad (3-4)$$

其中，P_0 为污染排放量，ε_1 为资本的非期望产出弹性 $0 < \varepsilon_1$。需要指出的是，资本是广义上的资本，包括土地、资金、厂房设备和能源等。由于在生产过程中，劳动力本身不会产生污染排放，所以将污染视为资本的副产品是合理的。此外，还有一些研究将污染视为一种负向投入（Smulders et al.，1996；Yanase，2011），但是事实上污染物本身并没有参与到具体的生产之中，而只

是生产过程中不得不产生的废物，因此将污染物作为一种非期望产出是更加贴近现实的。

特别地，与现有研究一样，假设地方政府的规制行为能够影响生产部门的生产决策（Oueslati，2002；Aloi et al.，2011；Constant et al.，2014）。由于环境规制会导致成本提高，所以生产部门为了自身利润最大化，会将一部分资本用于减少污染排放，因而当存在环境规制 τ 时，生产部门的生产函数变为：

$$Y = F(\alpha K, AL) = (\alpha K)^a (AL)^{1-a} \qquad (3-5)$$

其中，Y 表示存在环境规制时的产出，α 表示用于生产的资本比例，且 $0 < \alpha < 1$，另外 $1 - \alpha$ 的资本则被用于减少污染排放，于是可以得到污染排放函数：

$$P = \frac{(\alpha K)^{\varepsilon_1}}{[(1-\alpha)K]^{\varepsilon_2}} \qquad (3-6)$$

其中，P 表示存在环境税时的污染排放，ε_2 为资本的减排弹性（$0 < \varepsilon_2 < \varepsilon_1$）。这里需要指出的是，因为现实中的减排主要通过减排设备来实现，这些设备对于生产部门而言，通常被认为是生产部门资本中的一部分，因此应当将生产部门的这部分投入看作为资本的一部分。有鉴于此，相比于现有研究中直接将最终产品用于减少污染排放的模型设置方式（Hettich，1998；Oueslati，2002；Grimaud et al.，2007），本文的模型设置方式更加合理。

(二) 消费部门

1. 效用函数。根据理论分析的重点，这里将居民的瞬时效用函数设置为个人消费和其所在地区污染程度的函数。那么个人消费和环境污染程度在瞬时效用函数中应当如何设置才能符合理论要求呢？一般地，当环境质量为常量时，一个地区的经济水平越高，居民对环境质量的要求也会越高；反之，一个地区的经济水平越低，居民对环境质量的要求也就越低。与之类似，当经济水平为常量时，一个地区的环境质量越高，居民对经济发展水平要求越高；反之，一个地区的环境质量越低，居民对经济发展水平要求越低。因此，经济水平和环境质量之间的替代弹性既取决于经济水平，还取决于环境质量。为此，借鉴了相关研究（Nakada，2004；Greiner，2005；Pérez et al.，2007；Ouesla-

ti，2013；Carrera et al.，2013），将居民的瞬时效用设置为加性可分的对数函数形式[①]：

$$u(c,P) = \ln c - \eta_1 \ln(P) \tag{3-7}$$

其中，c 表示居民的人均消费，η_1 表示污染水平在居民效用函数中的权重（$\eta_1 > 0$）。根据式（3-7）可以得到在该瞬时效用函数条件下，消费水平对污染水平的替代效用率为：

$$-\eta_1 \frac{c}{P} \tag{3-8}$$

因而在同一污染水平下，如果消费水平较低，居民能够允许用忍受较高污染量的方式换得较小的消费量以提高效用水平；当消费水平变高了以后，居民便不能允许污染物水平上升，反而会愿意用牺牲较大消费量的方式换得减少较低的污染量以提高效用水平。类似地，在同一消费水平下，如果污染水平较高，居民用牺牲较大消费量的方式换得减少较低的污染量以提高效用水平；当污染水平降低了以后，居民便不愿再牺牲消费水平，反而会愿意忍受较高污染量的方式换得较小的消费量以提高效用水平。显然地，这样的模型设置符合上文中提到的理论要求。不仅如此，如果将这种替代效用函数理解为"环保意识"，那么可以发现，当消费水平不变时，污染物水平越高，替代效用函数越大，这意味着"环保意识"越强，污染水平越低，替代效用函数越小，这意味着"环保意识"越弱；当污染水平不变时，消费水平越高，替代效用函数越小，这意味着"环保意识"越弱，消费水平越低，替代效用函数越大，这意味着"环保意识"越强。

在瞬时效用函数的基础之上，还需要考虑连续时间情形下的居民效用函数表达。假定每个家庭人口的增长率等于总人口的增长率 n，且总人口的增长率 n 为外生，再假定效用贴现率为 ρ，那么在连续时间状态下，每个居民所希望最大化的效用函数为：

$$U = \int_0^{\infty} u[c(t),P(t)]e^{-\rho t}e^{nt}dt \tag{3-9}$$

---

① 假设所有的居民都是同质的。

此外，和一般的拉姆齐—卡斯—库普曼模型框架一样，家庭预算约束为：

$$\dot{k}(t) = r(t)k(t) + w(t) - c(t) - nk(t) + \tau p \qquad (3-10)$$

其中，w 表示工资，r 表示利率，k 表示人均资本存量，τ 表示环境规制强度，p 表示人均污染物排放量，$\dot{k}$ 表示人均资本存量的增加量。这里之所以存在 τp 项，是为了实现经济体的收支平衡而假设地方政府部门由于环境规制得到的财政收入全部用于补贴居民消费①。

2. "上访"函数。居民除了对效用函数进行最大化选择外，还会根据自身的效用水平选择上访等方式向中央政府表达对地方政府的不满。虽然居民对于污染排放水平只能选择被动接受，但是居民可以自由地选择表达不满，以期通过自身的这种努力提高下一期的效用水平。在现实中，这种表达不满的方式包括上访、通过媒体发泄不满、群体性事件等，为了使模型具有可以量化的标准，采用上访作为度量"表达不满"程度的指标。显然地，居民的效用水平越高，越不可能选择上访；效用水平越低则越可能选择上访。不仅如此，一般情况下，居民在效用水平低的时候不满会比较强烈，如果在此时居民的效用水平有稍微的下降就会激起更大的不满；而居民在效用水平高的时候不满程度本来就会非常小，在此时通过提高居民的效用水平来降低居民不满虽然有一定效果，但是已经不可能降低太多，所以效果不会很明显。

因此将每个居民选择上访的概率函数设置为以下形式：

$$\Omega = \Omega(u) \qquad (3-11)$$

其中，Ω 表示每个居民选择上访的概率，u 表示居民的效用函数。

对于式（3-11），其一阶导函数和二阶导函数还需要满足以下条件：

$$\Omega'(u) < 0, \Omega''(u) > 0$$

其中，一阶导数小于 0 意味着在其他条件不变的情况下，一个居民选择上访的概率和其效用水平呈反比；二阶导数大于 0 则意味着在其他条件不变的情况下，随着居民效用水平的提高，居民选择上访的概率减小的速度是边际递减的。

---

① 以下将对这一假设以及本章理论推导中需要的几个必要假说进行详细说明。

二、AK 经济增长理论模型框架

（一）生产部门

参照一般的 AK 经济增长理论模型框架，本文将生产函数设置为一个规模报酬不变，只包含资本的函数形式：

$$Y_0 = \overline{A}K \tag{3-12}$$

其中，Y_0 表示总产出，K 表示资本存量，这里借鉴一般的 AK 经济增长模型，假定劳动力是固定不变的，$\overline{A}$ 表示技术水平，同时假设 $\overline{A}$ 是外生的，但是与拉姆齐—卡斯—库普曼模型框架下不同，这里的 $\overline{A}$ 是固定不变的。

出于同样的理由，在污染物排放量方面才取与拉姆齐—卡斯—库普曼模型框架相同的模型构建方式，同样将污染物的排放量视为资本投入的非期望产出：

$$P_0 = K^{\varepsilon_1} \tag{3-13}$$

同样的，当地方政府采取环境规制时，生产部门为了自身利润最大化，会将一部分资本用于减少污染排放，因而当存在环境规制 τ 时，生产部门的生产函数变为：

$$Y = \alpha \overline{A}K \tag{3-14}$$

其中，Y 表示存在环境规制时的产出，α 表示用于生产的资本比例，且 $0 < \alpha \leqslant 1$，另外 $1-\alpha$ 的资本则被用于减少污染排放，于是可以得到污染排放函数：

$$P = \frac{(\alpha K)^{\varepsilon_1}}{[(1-\alpha)K]^{\varepsilon_2}} \tag{3-15}$$

（二）消费部门

在该框架下，居民的瞬时效用函数、效用函数和家庭预算约束的设置与拉姆齐—卡斯—库普曼模型框架下的设置完全相同，这里不再复述。

其中，居民的瞬时效用设置为加性可分的对数函数形式：

$$u(c,P) = \ln c - \eta_1 \ln(P) \qquad (3-16)$$

每个居民所希望最大化的效用函数为：

$$U = \int_0^\infty u[c(t),P(t)]e^{-\rho t}e^{nt}dt \qquad (3-17)$$

家庭的预算约束为：

$$\dot{k}(t) = r(t)k(t) - c(t) - nk(t) + \tau p \qquad (3-18)$$

每个居民选择上访的概率函数设置为以下形式：

$$\Omega = \Omega(u) \qquad (3-19)$$

其一阶导函数和二阶导函数还需要满足以下条件：

$$\Omega'(u) < 0 , \Omega''(u) > 0$$

第四章　省级政府对非空间外溢污染物的规制选择

本章对设置了具有政府效用函数的经济增长模型进行理论推导得到理论命题，并在此基础上对相应的理论命题进行实证检验。此外，主要针对非空间外溢的污染物进行研究，因而实证同样针对此类污染物进行，考虑到数据的可得性，将以工业固体废物作为代表性污染物进行实证研究。

第一节　模型的推导与理论命题

一、基本假设和经济体间的序列博弈

（一）基本假设

本节将对以上模型构建进行理论推导并得到相关结论。为了使模型的推导可以顺利进行，还需要进行以下假设：第一，假设中央政府、地方政府、生产部门和居民之间都存在序列博弈的过程，而且在博弈的各个环节中，信息是完全对称的；第二，假设每个居民都是同质或者说是无差异的，且劳动力市场、资本市场和产品市场都是出清的，以保证本书中的经济体能够实现一般均衡；第三，为了保证整个经济系统的收支平衡，还借鉴了相关研究（Hettich，1998；Jacobs et al.，2015；范庆泉等，2016），假设地方政府部门由于环境规制得到的财政收入全部用于补贴居民消费；第四，假设资本折旧率、人口增长率、技术进步变量为外生变量。

（二）经济体间的序列博弈

如图 4-1 所示，在理论逻辑中，各个经济体之间存在一个相互联系的序

列博弈关系，而且这种序列博弈关系，恰好形成一个闭合的圆环。在这个序列博弈中，第一步，中央政府首先依据经济增长情况和居民表达对地方政府不满的数量，对地方政府官员进行奖励和惩罚，以使自身的效用水平最大化；第二步，地方政府根据中央政府的激励机制和惩罚机制选择，制定环境规制强度，以使得自身的效用水平最大化；第三步，生产部门根据地方政府制定和执行的环境规制强度安排生产和减排工作，以实现自身的利润最大化；第四步，消费者决定自身的消费路径，并根据自己的效用水平决定是否选择向中央政府传达对地方政府的不满以期提高下一期的效用水平。

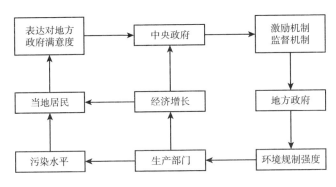

图 4-1　经济体间的序列博弈

总体而言，序列博弈设置中，中央政府属于先行者，首先选择激励机制和惩罚机制的相关政策；地方政府属于中央的追随者，依照中央政府的激励机制和惩罚机制选择环境规制强度；生产部门则属于地方政府的追随者，根据地方政府所设置的环境规制强度，对用于生产的资本比例和用于减排的资本比例进行决策；居民则相对被动，只能优化自身的消费路径，无法影响污染的排放，但是居民可以为了提高下一期的效用水平选择表达对地方政府不满，主要路径是根据自身的当期效用水平选择是否向中央政府表达"对地方政府的不满"。

二、拉姆齐—卡斯—库普曼模型框架的推导与结论

（一）生产部门决策——对环境规制的反应函数

依据解决序列博弈的一般思路，本文首先对反应函数进行推导。根据本文

的理论设置和假设，可以得到生产部门的利润函数：

$$\pi = Y - wL - (r + \delta)K - \tau P \qquad (4-1)$$

其中，π 为生产部门的利润，w 表示工资，r 表示利率，δ 为资本的折旧率，τ 表示地方政府所实施的环境规制强度。

根据生产部门利润最大化的一阶条件可以得到：

$$r = \frac{aY}{K} - \frac{\tau(\varepsilon_1 - \varepsilon_2)P}{K} - \delta \qquad (4-2)$$

$$w = \frac{(a-1)Y}{L} \qquad (4-3)$$

$$\frac{(1-\alpha)^{\varepsilon_2+1}}{\varepsilon_2 \alpha^{\varepsilon_1-a+1} + \varepsilon_1(1-\alpha)\alpha^{\varepsilon_1-a}} = \frac{\tau K^{(\varepsilon_1-\varepsilon_2-a)}(AL)^{a-1}}{a} \qquad (4-4)$$

其中，式（4-2）和式（4-3）与一般的拉姆齐—卡斯—库普曼模型框架下生产部门利润最大化的一阶条件相同，这里不再讨论，需要说明的是式（4-4）。显然地，在式（4-4）中，用于生产的资本比例 α 不存在解析解，只能通过隐函数的形式表达，但是依旧可以看出，当环境规制强度 $\tau = 0$ 的时候，$\alpha = 1$，这意味着当地方政府不进行任何环境规制时，生产部门就不会采取减排措施。

此外，通过隐函数求导的方式还可以得到：

$$\frac{\partial \alpha}{\partial \tau} = G_0 \frac{K^{\varepsilon_1-\varepsilon_2-a}(AL)^{a-1}}{a} \qquad (4-5)$$

其中，G_0 是由 a、α、ε_1、ε_2 组成的参数表达式[①]，当满足 $\varepsilon_2 < a < \varepsilon_1$ 时可以确定 $G_0 < 0$[②]，于是可以得到：

$$\frac{\partial \alpha}{\partial \tau} = G_0 \frac{K^{\varepsilon_1-\varepsilon_2-a}(AL)^{a-1}}{a} < 0$$

这意味着当资本的产出弹性大于资本的减排弹性且小于资本的非期望产出弹性时，生产部门用于生产的资本比例会随着环境规制强度的上升而下降，用于减排的资本则会随着环境规制强度的上升而上升，因而在此情形下，环境污

[①] G_0 的表达式以及相关推导见附录1。

[②] $\varepsilon_2 < a < \varepsilon_1$ 是 $G_0 < 0$ 的充分不必要条件，相关讨论见附录1。

染会随着环境规制的增强而得到改善；当然，如果 $\varepsilon_2 < a < \varepsilon_1$ 无法得到满足时，就无法确保 $G_0 < 0$ 成立，就有可能会出现 $G_0 > 0$ 的情形，那么此时就会有：

$$\frac{\partial \alpha}{\partial \tau} = G_0 \frac{K^{\varepsilon_1 - \varepsilon_2 - a} \, (AL)^{a-1}}{a} > 0$$

在此时，生产部门用于生产的资本比例会随着环境规制强度的上升而上升，用于减排的资本则会随着环境规制强度的上升而下降，因而在此情形下，环境污染会随着环境规制强度的增强而愈演愈烈，这时可以认为出现了所谓的"遵循成本"现象（Gray，1987；Gray et al.，2003；齐红倩等，2015；徐志伟，2016；吴伟平等，2017）。显然地，当出现所谓的"遵循成本"现象时，试图使用环境规制改善环境问题的努力是徒劳的，为了规避这种现象所带来的障碍，本文需要假设 $\varepsilon_2 < a < \varepsilon_1$ 条件是成立的[①]。

（二）消费部门决策——居民的效用水平最大化与表达对地方政府不满的数量

根据居民的效用函数式（3－9）和居民的家庭预算约束函数式（3－10）可以得到家庭效应水平最大化的汉密尔顿方程：

$$H[c(t)] = u[c(t), P(t)] e^{-\rho t} e^{nt} + \mu(t) \dot{k}(t) \qquad (4-6)$$

如同大部分研究（Reis，2001；Hart，2004；Patuelli et al.，2005；Klarl，2016；范庆泉等，2016）所假设的那样，个体居民无力改变所在区域的污染排放情况，居民只能选择接受污染物排放水平，因而污染对于每个居民而言都是外生的，所以居民只能通过改变消费选择来实现效用水平最大化，因此可以根据汉密尔顿方程求得居民对消费路径选择的欧拉方程：

$$\frac{\dot{c}(t)}{c(t)} = r - \rho \qquad (4-7)$$

正如前文所述，虽然居民对于污染排放水平只能选择被动接受，但是居民可以自由地向中央政府表达对地方政府的不满，一旦效用水平下降，那么居民

---

① 针对"遵循成本"现象的理论讨论也是非常有意义的，但并不是本书的重点，因此不进行展开。

向中央政府表达对地方政府不满的概率就会上升。为了使理论推导能够顺利进行，在此将对居民投诉概率函数"具体化"：

$$\Omega = \Omega(u) = e^{-u} \qquad (4-8)$$

其中，e 表示自然对数。将居民投诉概率函数"具体化"为式（4-8）在于以下两点：第一，该函数设定满足上文提到的一阶导函数和二阶导函数的条件；第二，在该函数设定下，当 u 处于 $[0, +\infty)$ 的区间范围内①，Ω 取值范围为 $(0, 1]$，符合概率的分布要求。

（三）地方政府决策——环境规制的强度选择

1. 确定最优 α^*。本章第三节已经确定了地方政府目标函数的基本要求，但是并没有给出地方政府目标函数的具体形式，为了使推导可以顺利进行，并依照前文的模型构建要求将地方政府的目标函数、式（3-2）设定为：

$$U_G(Y(t),N(t)) = g(Y(t),N(t)) = \ln Y(t) - \eta_2 \ln N(t) \qquad (4-9)$$

其中，N 则表示居民的不满意程度，使用上访数量指标进行表征。η_2 表示上访数量在地方政府效用函数中的权重（$\eta_2 > 0$）。显然地，η_2 越大，地方政府对于当地居民的不满意程度就会越重视；而 η_2 越小，则当地居民的不满意程度对于地方政府而言就越不重要。根据前文的分析可以知道，地方政府官员的效用函数中存在第二项 $-\eta_2 \ln N(t)$ 的原因在于中央政府对地方政府进行分权并根据当地"居民表达对地方政府不满"情况实施监督和处罚。那么可以认为，中央政府的监督处罚对地方政府的影响越大，那么 η_2 就越大；反之，则 η_2 就越小。

由于前文仅设置了居民不满概率的函数，对于 $N(t)$ 并没有给出一个明确的函数形式，所以无法对地方政府的效用函数进行求解。不过，已经设定了人口增长率是外生变量，所以可以认定总人口是一个外生变量，那么可以确定投诉的总量为：

$$N(t) = \Omega(u(t))e^{nt}L_0 \qquad (4-10)$$

---

① 这里假设不存在效用为负的情形。

因而，对于地方政府而言，其目标函数可以转化为：

$$U_G(Y(t), N(t)) = \ln Y(t) - \eta_2 \ln \Omega(u(t)) - \eta_2 \ln L_0 - \eta_2 nt \quad (4-11)$$

在式（4-11）中，地方政府可以通过环境规制强度影响第一、第二项即 GDP 和居民的效用水平，但是第三、第四项是外生变量，地方政府无力影响。因而对于地方政府，其目标实质上是寻求 GPD 与居民效用水平的折中方案。

接下来，将居民的效用函数代入地方政府的效用函数，从而进一步细化地方政府的目标。具体地，将式（3-16）、式（4-8）代入式（4-11）可得：

$$U_G(Y(t), N(t)) = \ln Y(t) + \eta_2 \ln c(t) - \eta_1 \eta_2 \ln P(t) - \eta_2 \ln L_0 - \eta_2 nt$$
$$(4-12)$$

在式（4-12）中，地方政府可以通过环境规制强度改变的是第一、第三项即 GDP 和污染水平，但是对于居民的消费选择是无能为力的，所以地方政府的目标可以进一步简化为寻求 GDP 和污染的折中方案。

最后，可以就生产部门的生产函数和污染排放函数代入，从而得到地方政府效用函数的最终形式。具体地，将式（3-5）和式（3-6）代入式（4-12）可得：

$$U_G(t) = \ln\left\{ [\alpha K(t)]^a [A(t)L(t)]^{1-a} \right\} - \eta_1 \eta_2 \ln\left[\frac{[\alpha K(t)]^{\varepsilon_1}}{[(1-\alpha)K(t)]^{\varepsilon_2}} \right]$$
$$+ \eta_2 \ln c(t) - \eta_2 \ln L_0 - \eta_2 nt \quad (4-13)$$

根据假设，地方政府官员在第 t 期上任，而在 $t-1$ 期消费者已经对消费和储蓄进行了选择，根据资本市场初期的假设，生产部门的资本已经完全决定，在第 t 期上任的地方政府官员无力改变。因此，地方政府官员真正有能力决定的只有变量"α"，即生产部门用于生产的资本比例。根据以上的推断可以确定，为了实现其自身效用水平的最大化，地方政府官员只能通过环境规制对生产部门用于生产的资本比例 α 和用于减排的资本比例（$1-\alpha$）施加影响。

那么就可以得到地方政府的效用水平最大化的一阶条件：

$$\alpha^* = \frac{a - \eta_1 \eta_2 \varepsilon_1}{a - \eta_1 \eta_2 \varepsilon_1 + \eta_1 \eta_2 \varepsilon_2} \quad (4-14)$$

为了避免角点解情况出现，假定 $a - \eta_1\eta_2\varepsilon_1 > 0$ 条件成立①，因而可以确定 α^* 的取值范围在 $(0, 1)$ 区间内。

用 α^* 对 η_1、η_2、ε_1、ε_2 求偏导可以得到：

$$\frac{\partial \alpha^*}{\partial \eta_1} = -\frac{a\eta_1\varepsilon_1}{[a - \eta_1(\eta_2\varepsilon_1 - \eta_2\varepsilon_2)]^2} < 0 \qquad (4-14\text{A})$$

$$\frac{\partial \alpha^*}{\partial \eta_2} = -\frac{a\eta_1\varepsilon_2}{[a - \eta_2(\eta_1\varepsilon_1 - \eta_1\varepsilon_2)]^2} < 0 \qquad (4-14\text{B})$$

$$\frac{\partial \alpha^*}{\partial \varepsilon_1} = -\frac{\varepsilon_2\eta_1^2\eta_2^2}{[a - \varepsilon_1\eta_1\eta_2 + \varepsilon_2\eta_1\eta_2]^2} < 0 \qquad (4-14\text{C})$$

$$\frac{\partial \alpha^*}{\partial \varepsilon_2} = -\frac{\eta_1\eta_2(a - \varepsilon_1\eta_1\eta_2)}{[a - \varepsilon_1\eta_1\eta_2 + \varepsilon_2\eta_1\eta_2]^2} < 0 \qquad (4-14\text{D})$$

由式（4-14A）可以确定，在其他条件不变的情况下，使地方政府官员效用水平最大化的 α^* 是 η_1 的减函数；由式（4-14B）可以确定，在其他条件不变的情况下，使地方政府官员效用水平最大化的 α^* 是 η_2 的减函数；由式（4-14C）可以确定，在其他条件不变的情况下，使地方政府官员效用水平最大化的 α^* 是 ε_1 的减函数；由式（4-14D）可以确定，在其他条件不变的情况下，使地方政府官员效用水平最大化的 α^* 是 ε_2 的减函数。于是得到以下四个命题：

H_1：在其他条件不变的情况下，地方政府官员为了实现自身效用水平最大化所希望生产部门用于生产的资本比例是污染水平在居民效用函数中权重的减函数。

H_2：在其他条件不变的情况下，地方政府官员为了实现自身效用水平最大化所希望生产部门用于生产的资本比例是居民上访数量在地方政府官员效用函数中权重的减函数。

H_3：在其他条件不变的情况下，地方政府官员为了实现自身效用水平最大化所希望生产部门用于生产的资本比例是资本非期望产出弹性的减函数。

H_4：在其他条件不变的情况下，地方政府官员为了实现自身效用水平最大化所希望生产部门用于生产的资本比例是资本减排弹性的减函数。

---

① 针对 α^* 取值的相关讨论见附录2。

（1）对于命题 H_1，污染水平在居民效用函数中权重越大，则污染问题对于居民效用水平的影响就越大，因而居民因为污染问题而对地方政府的环境规制不满从而"表达对地方政府不满"的数量就会越多，那么地方政府就希望更多的资本用于减排而不是生产；反之亦然。

（2）对于命题 H_2，居民上访数量在地方政府效用函数中的权重越高，地方政府就会越重视地方居民选择"表达对地方政府不满"的数量，为了提高居民的效用水平就会重视污染问题，地方官员就希望更多的资本用于减排而不是生产；反之亦然。

（3）对于命题 H_3，资本的非期望产出弹性越高，污染问题就会越严重，由于污染问题而引发地方居民选择"表达对地方政府不满"的数量就会增加，为了减少居民选择"表达对地方政府不满"的数量，地方官员就希望更多的资本用于减排而不是生产；反之亦然。

（4）对于命题 H_4，资本的减排弹性越高，减排的效果就越好，那么用于减排的资本对于提高环境质量的效果就越好，因此提高居民的效用水平，进而提高地方政府官员的效用水平的效果就越好，因此地方官员会希望更多的资本用于减排而不是生产；反之亦然。

2. 确定最优 τ^*。那么地方政府具体会通过怎样的方式使生产部门选择 α^* 呢？在各个时期这个最优的 α^* 是否会发生变化呢？首先，根据上文以及式（4-14）可以知道，由于第 t 期上任的官员无法对其他因素产生影响，所以为了实现自身效用水平的最大化，只能通过环境规制强度 τ 来影响生产部门对于 α 的决策；其次，根据地方政府效用最大化的一阶条件式（4-14）可以看出，只要相应的参数不发生变化[①]（即只要 η_1、η_2、ε_1、ε_2 不变），使地方政府官员效用水平最大化的 α^* 是一个固定值。根据前文的分析，任何一期在任的地方政府官员（无论是继任者还是连任者）都会依据这一条件制定并实施环境规制强度 τ，即每一期的地方政府官员所追求的目标是固定而且完全复制的。

由于生产部门是根据环境规制强度 τ 来确定 α 的，因此可以认为生产部门对于 α 的选择是关于地方政府制定环境规制强度 τ 的反应函数，每一期的地方政

---

① 这些参数是外生的。

府官员为了使当地的生产部门在进行决策时用 α^* 比例的资本用于生产，$1 - \alpha^*$ 比例的资本用于减排，那么就会制定和执行一个特定的环境规制强度 τ^*，因此将 α^* 代入式（4 - 4）可以得到地方政府最优的环境规制强度 τ^*：

$$\tau^*(t) = G_1 K(t)^{\varepsilon_2 - \varepsilon_1 + a} [A(t)L(t)]^{1-a} \qquad (4-15)$$

其中，G_1 是 α^* 的函数（具体函数形式见附录3）。

用 τ^* 对 α^* 求偏导可得：

$$\frac{\partial \tau^*(t)}{\partial \alpha^*} = (G_0^*)^{-1} a K(t)^{\varepsilon_2 - \varepsilon_1 + a} [A(t)L(t)]^{1-a} \qquad (4-16)$$

由于 G_0^* 小于 0（G_0^* 具体函数形式见附录3），所以可以确定 $\dfrac{\partial \tau^*(t)}{\partial \alpha^*} < 0$，即地方政府最优的环境规制强度是其希望生产部门用于生产的资本比例的减函数。因此可以得到第五个命题：

H_5：地方政府希望生产部门用于生产的资本比例越高，则地方政府执行的最优的环境规制强度就越小；地方政府希望生产部门用于生产的资本比例越低，则地方政府执行的环境规制强度就越大。

对于命题 H_5，由于在讨论生产部门决策的时候已经假定 G_0 小于 0 的条件，也就规避了"遵循成本"现象出现的可能性，从而避免了环境规制强度上升导致污染排放上升的可能，所以命题 H_5 的成立也就顺理成章。

除此之外，更加关心 η_1、η_2 如何影响地方政府的最优环境规制。根据式（4 - 14）和式（4 - 16）可以得到：

$$\frac{\partial \tau^*(t)}{\partial \eta_1} = \frac{\partial \tau^*(t)}{\partial \alpha^*} \times \frac{\partial \alpha^*}{\partial \eta_1} =$$

$$- (G_0^*)^{-1} \frac{a^2 \eta_1 \varepsilon_1}{[a - \eta_1(\eta_2 \varepsilon_1 - \eta_2 \varepsilon_2)]^2} K(t)^{\varepsilon_2 - \varepsilon_1 + a} [A(t)L(t)]^{1-a} > 0$$

$$(4 - 16A)$$

$$\frac{\partial \tau^*(t)}{\partial \eta_2} = \frac{\partial \tau^*(t)}{\partial \alpha^*} \times \frac{\partial \alpha^*}{\partial \eta_2} =$$

$$- (G_0^*)^{-1} \frac{a^2 \eta_1 \varepsilon_2}{[a - \eta_2(\eta_1 \varepsilon_1 - \eta_1 \varepsilon_2)]^2} K(t)^{\varepsilon_2 - \varepsilon_1 + a} [A(t)L(t)]^{1-a} > 0$$

$$(4 - 16B)$$

由式（4-16A）可以确定，在其他条件不变的情况下，地方政府所执行的最优的环境规制强度 τ^* 是 η_1 的增函数；由式（4-16B）可以确定，在其他条件不变的情况下，地方政府所执行的最优的环境规制强度 τ^* 是 η_2 的增函数。于是可以将命题 H_1 和 命题 H_2 进一步推广，得到以下两个命题：

H_6：在其他条件不变的情况下，地方政府执行的环境规制强度是污染水平在居民效用函数中权重的增函数。

H_7：在其他条件不变的情况下，地方政府执行的环境规制强度是居民上访数量在地方政府官员效用函数中权重的增函数。

（1）对于命题 H_6，污染水平在居民效用函数中权重越大，则污染问题对于居民效用水平的影响就越大，因而居民因为污染问题而对地方政府的环境规制不满从而"表达对地方政府不满"数量就会越多，那么地方政府就会执行更高的环境强度；反之亦然。

（2）对于命题 H_7，居民上访数量在地方政府效用函数中的权重越高，地方政府就会越重视地方居民"表达对地方政府不满"的数量，为了提高居民的效用水平就会重视污染问题，地方官员就会执行更高的环境强度；反之亦然。

此外，由于用 τ^* 对 ε_1、ε_2 所得到的结果无法确定符号，所以不能确定 ε_1、ε_2 如何影响 τ^*，因此前文中的命题 H_3 和 命题 H_4 无法得到类似的推广。

（四）环境规制强度对污染排放量和总产值的影响

1. τ^* 对污染排放的影响。将式（3-6）左右两边同时对 τ^* 求偏导，并将式（4-5）代入可以得到：

$$\frac{\partial P^*(t)}{\partial \tau^*(t)} = \frac{\partial P^*(t)}{\partial \alpha^*} \times \frac{\partial \alpha^*}{\partial \tau^*(t)}$$

$$= G_2 (G_0^*)^{-1} a^{-1} P^*(t) K(t)^{\varepsilon_1 - \varepsilon_2 - a} [A(t)L(t)]^{a-1} \quad (4-17)$$

其中，G_2 是 α^* 的函数（具体函数形式见附录4）。由于 $G_2 > 0$ 且 $G_0^* < 0$，因而可以确定：

$$\frac{\partial P^*(t)}{\partial \tau^*(t)} < 0$$

是成立的。显而易见，污染排放量是环境规制强度 τ^* 的减函数，于是可以将命题 H_5 推广得到以下命题：

H_8：在其他条件不变的情况下，污染物排放量是地方政府执行的环境规制强度的减函数。

如同命题 H_5 一样，命题 H_8 实质上是规避了"遵循成本"现象的一个理论重现，在规避了"遵循成本"现象的条件下，该假设的成立是理所当然的。这里之所以正式提出，是为了实证部分建立理论基础。

2. τ^* 对总产量的影响。将式（3 - 5）左右两边同时对 τ^* 求偏导可以得到：

$$\frac{\partial Y^*(t)}{\partial \tau^*(t)} = \frac{\partial Y^*(t)}{\partial \alpha^*} \times \frac{\partial \alpha^*}{\partial \tau^*(t)}$$

$$= \alpha^{*-1}(G_0^*)^{-1}P^*(t)K(t)^{\varepsilon_1-\varepsilon_2-a}[A(t)L(t)]^{a-1} \qquad (4-18)$$

由于 $G_0^* < 0$，因而可以确定：

$$\frac{\partial Y^*(t)}{\partial \tau^*(t)} < 0$$

是成立的。所以总产量是环境规制强度 τ^* 的减函数，于是可以提出第九个命题：

H_9：在其他条件不变的情况下，总产量是地方政府执行的环境规制强度的减函数。

对于命题 H_9，地方政府执行的环境规制强度越大，生产部门用于减排的资本比例就越小，因而总产量就会越少。当然，这一命题的重要前提是"控制"生产部门的生产技术和减排技术。与命题 H_8 一样，这里之所以正式提出 H_9 是为了实证部分建立理论基础。

（五）均衡增长路径（balanced growth path）

在一般的增长模型中，都会存在一个均衡增长路径。然而，前提是每一期上任（包括连任）的地方政府官员都会依据自身的效用最大化执行一个环境规制强度，这样的设置使环境规制不再是一个稳定的参数，因而有可能导致均衡增长路径不复存在。但是，正如前文所分析的那样，只要相应的参数（η_1、

η_2、ε_1、ε_2）不变的情况下，每一期地方政府都会通过执行一个环境规制使一个固定的资本比例用于生产，这也就使经济体实现最终平衡成为可能。事实上，在本模型中也确实存在一个均衡增长路径。

诚然，该均衡增长路径对于本书所讨论的内容关系不大，而且一般认为我国目前并没有处于均衡增长路径之中，但是对于该均衡增长路径能够展现出现有讨论中没有触及的更多细节。为了不影响全书的思路展现，对于均衡增长路径的推导过程以及相关细节问题将在附录 5 中给出。

三、AK 增长模型框架的推导与结论

在 AK 增长模型框架下的推导思路与拉姆齐—卡斯—库普曼模型框架的推导思路非常接近，因而这里只对推导过程进行简单介绍，并将重点放在该模型构建下的结论与拉姆齐—卡斯—库普曼模型框架下的结论比较上。

（一）生产部门决策——对环境规制的反应函数

同样利润最大化的一阶条件可以得到：

$$r = \alpha \bar{A} - r - \frac{\tau(\varepsilon_1 - \varepsilon_2)P}{K} - \delta \qquad (4-19)$$

$$\frac{(1-\alpha)^{\varepsilon_2+1}}{\alpha^{\varepsilon_1}\varepsilon_1(\alpha^{-1}-1) + \alpha^{\varepsilon_1}\varepsilon_2} = \frac{\tau K^{\varepsilon_1-\varepsilon_2-1}}{\bar{A}} \qquad (4-20)$$

同样的，通过隐函数求导的方式可以得到：

$$\frac{\partial \alpha}{\partial \tau} = G_4 \frac{K^{\varepsilon_1-\varepsilon_2-a}}{\bar{A}} \qquad (4-21)$$

其中，G_4 是由 a、α、ε_1、ε_2 组成的参数表达式，当满足 $\varepsilon_2 + 1 < \varepsilon_1$ 时可以确定 $G_4 < 0$，于是可以得到[①]：

$$\frac{\partial \alpha}{\partial \tau} = G_4 \frac{K^{\varepsilon_1-\varepsilon_2-a}}{\bar{A}} < 0$$

---

① 此处过程与式（4-5）相似，具体的参数表示和证明过程见附录 6。

为了避免可能存在的"遵循成本"现象，这里需要假定 $\varepsilon_2 + 1 < \varepsilon_1$ 条件是成立的。

（二）消费部门决策——居民的效用水平最大化与表达对地方政府不满的数量

在该模型框架下，消费部门的设定和拉姆齐—卡斯—库普曼模型框架中的设定完全相同，因而这里不再复述。居民对消费路径选择的欧拉方程与"投诉"概率函数分别为：

$$\frac{\dot{c}(t)}{c(t)} = r - \rho \qquad (4-22)$$

$$\Omega = \Omega(u) = e^{-u} \qquad (4-23)$$

（三）地方政府决策——环境规制的强度选择

1. 确定最优 α^*。为了求解该理论框架下的最优 α^*，对于地方政府官员的效用函数设置与拉姆齐—卡斯—库普曼模型框架的设置完全相同，利用相同的求解思路可以得到地方政府的效用水平最大化的一阶条件：

$$\alpha^* = \frac{1 - \eta_1 \eta_2 \varepsilon_1}{1 - \eta_1 \eta_2 \varepsilon_1 + \eta_1 \eta_2 \varepsilon_2} \qquad (4-24)$$

同样为了避免角点解的情形出现，假定 $1 - \eta_1 \eta_2 \varepsilon_1 > 0$ 条件成立[1]，因而可以确定 α^* 的取值范围在（0，1）区间内。

用 α^* 对 η_1、η_2、ε_1、ε_2 求偏导可以得到：

$$\frac{\partial \alpha^*}{\partial \eta_1} = -\frac{\eta_2 \varepsilon_2}{[1 + \eta_1(\eta_2 \varepsilon_1 - \eta_2 \varepsilon_2)]^2} < 0 \qquad (4-24A)$$

$$\frac{\partial \alpha^*}{\partial \eta_2} = -\frac{\eta_1 \varepsilon_2}{[1 + \eta_2(\eta_1 \varepsilon_2 - \eta_1 \varepsilon_1)]^2} < 0 \qquad (4-24B)$$

$$\frac{\partial \alpha^*}{\partial \varepsilon_1} = -\frac{\varepsilon_2 \eta_1^2 \eta_2^2}{[1 - \varepsilon_1 \eta_1 \eta_2 + \varepsilon_2 \eta_1 \eta_2]^2} < 0 \qquad (4-24C)$$

---

[1] 针对 α^* 取值的相关讨论见附录7。

$$\frac{\partial \alpha^*}{\partial \varepsilon_2} = -\frac{\eta_1 \eta_2 (1 - \varepsilon_1 \eta_1 \eta_2)}{\left[1 - \varepsilon_1 \eta_1 \eta_2 + \varepsilon_2 \eta_1 \eta_2\right]^2} < 0 \qquad (4-24D)$$

显然地，式（4-24A）~式（4-24D）所得的结论与式（4-14A）~式（4-14D）所得到的结论是完全一致的。因此在 AK 经济增长模型框架下仍然可以推导出命题 H_1~命题 H_4。

2. 确定最优 τ^*。确定最优 τ^* 的方式也与前文完全一致：

$$\tau^*(t) = G_5 K(t)^{\varepsilon_2 - \varepsilon_1 + 1} \overline{A} \qquad (4-25)$$

其中，G_1 是 α^* 的函数（具体函数形式见附录 8）。

用 τ^* 对 α^* 求偏导可得：

$$\frac{\partial \tau^*(t)}{\partial \alpha^*} = (G_4^*)^{-1} K(t)^{\varepsilon_2 - \varepsilon_1 + 1} \overline{A} \qquad (4-26)$$

由于 G_4^* 小于 0（G_4^* 具体函数形式见附录 8），所以可以确定 $\frac{\partial \tau^*(t)}{\partial \alpha^*} < 0$，即地方政府最优的环境规制强度是其希望生产部门用于生产的资本比例的减函数。因此在 AK 经济增长模型框架下仍然可以推导出命题 H_5。

同样的，这里还需要考察在该模型下，η_1、η_2 如何影响地方政府的最优环境规制。利用式（4-24）和式（4-26）可以得到：

$$\frac{\partial \tau^*(t)}{\partial \eta_1} = \frac{\partial \tau^*(t)}{\partial \alpha^*} \times \frac{\partial \alpha^*}{\partial \eta_1} =$$

$$-(G_4^*)^{-1} \frac{\eta_1 \varepsilon_1}{\left[1 - \eta_1 (\eta_2 \varepsilon_1 - \eta_2 \varepsilon_2)\right]^2} K(t)^{\varepsilon_2 - \varepsilon_1 + a} \overline{A} > 0 \qquad (4-26A)$$

$$\frac{\partial \tau^*(t)}{\partial \eta_2} = \frac{\partial \tau^*(t)}{\partial \alpha^*} \times \frac{\partial \alpha^*}{\partial \eta_2} =$$

$$-(G_4^*)^{-1} \frac{\eta_1 \varepsilon_2}{\left[1 - \eta_2 (\eta_1 \varepsilon_1 - \eta_1 \varepsilon_2)\right]^2} K(t)^{\varepsilon_2 - \varepsilon_1 + 1} \overline{A} > 0 \qquad (4-26B)$$

由式（4-26A）可以确定，在其他条件不变的情况下，地方政府所执行的最优的环境规制强度 τ^* 是 η_1 的增函数；由式（4-26B）可以确定，在其他条件不变的情况下，地方政府所执行的最优的环境规制强度 τ^* 是 η_2 的增函数。类似地，在现有的模型框架下，依然能够将命题 H_1 和命题 H_2 进一步推广

得到命题 H_6 和命题 H_7。

（四）环境规制强度对污染排放量和总产值的影响

1. τ^* 对污染排放的影响。将式（3-15）左右两边同时对 τ^* 求偏导，并将式（4-21）代入可以得到：

$$\frac{\partial P^*(t)}{\partial \tau^*(t)} = \frac{\partial P^*(t)}{\partial \alpha^*} \times \frac{\partial \alpha^*}{\partial \tau^*(t)}$$

$$= G_2(G_4^*)^{-1} P^*(t) K(t)^{\varepsilon_1 - \varepsilon_2 - a} \overline{A} \qquad (4-27)$$

其中，G_2 是 α^* 的函数（具体函数形式见附录4）。由于 $G_2 > 0$ 且 $G_4^* < 0$，因而可以确定：

$$\frac{\partial P^*(t)}{\partial \tau^*(t)} < 0$$

是成立的。显而易见，在现有的模型框架下依然可以将命题 H_5 推广得到命题 H_8。

2. τ^* 对总产量的影响。将式（3-15）左右两边同时对 τ^* 求偏导可以得到：

$$\frac{\partial Y^*(t)}{\partial \tau^*(t)} = \frac{\partial Y^*(t)}{\partial \alpha^*} \times \frac{\partial \alpha^*}{\partial \tau^*(t)}$$

$$= \alpha^{*-1}(G_4^*)^{-1} P^*(t) K(t)^{\varepsilon_1 - \varepsilon_2 - 1} \overline{A} \qquad (4-28)$$

由于 $G_4^* < 0$，因而可以确定：

$$\frac{\partial Y^*(t)}{\partial \tau^*(t)} < 0$$

是成立的，所以总产量是环境规制强度 τ^* 的减函数。显而易见，在现有的模型框架下依然可以得到命题 H_9。

（五）均衡增长路径（balanced growth path）

同样的，本模型存在一个均衡增长路径。为了不影响全文的思路展现，对于均衡增长路径的推导过程以及相关细节问题将在附录9中给出。

四、有关财政分权与地方政府效用函数中上访权重关系的讨论

根据前文所述，η_2 表示上访数量在地方政府效用函数中的权重。η_2 越大，地方政府就对于当地居民的不满意程度就会越重视；而 η_2 越小，则当地居民的不满意程度对于地方政府而言就越不重要。地方政府官员对其重视程度显然是由中央政府的监督处罚对地方政府的影响决定的。如果监督处罚对地方政府的影响越大，地方政府就会越重视，那么 η_2 就越大；反之，η_2 就越小。这种影响主要由两个因素构成：第一，中央政府的处罚标准和处罚力度；第二，地方政府承受处罚的能力。

地方政府会在意对当地居民满意度，是由于中央政府会根据居民"表达对地方政府不满"的数量对当地的地方政府官员进行监督和惩罚，因此表达对地方政府不满的数量即为处罚的标准。从中央政府的角度而言，当一个地区的居民"表达对地方政府不满"达到了一定的数量，那么就意味着地方政府的施政偏离了中央政府所希望的方向，这时候就会采取一定的惩罚措施。正如中央政府可以从人事任免和财政转移方面对地方政府进行激励。同样的，中央政府也可以使用这两种形式对地方政府进行惩罚。如果当地的居民表达对地方政府不满的数量达到了一定的规模但是并不严重，那么中央政府可以减少对当地的财政转移以示惩处，这种惩罚方式对于地方政府官员而言具有足够的威慑力：一方面扩大财政收入是每个地方政府的目标，另一方面财政收入减少不利于地方政府官员拉动当地经济增长，进而导致在"锦标赛"中落败。当然，如果当地的居民表达对地方政府不满数量已经到了严重的地步，那么中央政府就不会仅采用减少财政转移的方式，甚至会直接使用人事任免权进行惩罚：一方面可以取消地方官员的晋升机会；另一方面甚至可以直接免去当地官员的职务。显然地，中央政府会根据居民表达不满的数量确定处罚的力度，而且中央政府有足够的措施实施不同力度的处罚。

对于地方政府，其承受处罚的能力仅限于"减少财政转移"的惩罚方式，对于更强力度的惩罚，地方政府是无力承受的。但是无论如何，地方政府在承受处罚的能力上存在差异：一个地区的财政自给率越高，"减少财政转移"的

惩罚方式对地方政府的影响就越小；反之，对地方政府的影响就越大。因此，对于地方政府官员而言，如果当地的财政自给率较高，就可以认为 η_2 越小，那么就可以更多地追求晋升目标，而更少地追求满足地方居民满意度的目标；反之，如果当地的财政自给率较低，就可以认为 η_2 越大，那么就只能减小对晋升目标的追求，而更多地追求满足地方居民满意度的目标。

综上所述，η_2 并不是一个简单的外生变量，它在一定程度上是受财政自给率的影响。根据一般的度量标准（龚锋等，2010；陈硕等，2012），一个地区的财政自给率越高，那么这个地区的财政分权就越大，进而可以认为一个地区的财政分权水平越高，这个地区的 η_2 就越大；反之亦然。根据链式求导法则，可以得到地方政府执行的环境规制强度是其财政自给率的减函数，由此可以将命题 H_7 进一步推广得到命题 H_{10}。

H_{10}：在其他条件不变的情况下，地方政府执行的环境规制强度是当地财政分权水平的减函数。

另外，这里还需要指出的是命题 H_{10} 并不能简单地和命题 H_7 画等号，因为上访数量在地方政府效用函数中的权重还受到其他因素的影响。正如前文所分析的那样，上访数量在地方政府效用函数中的权重还会因为中央政府的惩罚标准和惩罚力度甚至是惩罚措施的不同而不同，不过这些因素对于地方政府而言是无法控制和预测的，但是一般而言中央政府的政策选择不会在短期内至少不会在一个任期内发生大的变化，所以对于每一期的地方政府官员，这些因素完全可以被作为一个固定值。这样命题 H_{10} 和命题 H_7 就完全一致了。

第二节 理论命题总结与实证策略

一、相关命题总结

一般而言，当研究所使用的理论模型框架发生改变时，得到的理论结果也会随之发生改变。不过，本书尝试了两个经典的经济增长理论框架，有关十个命题结论是完全一致的。事实上，即使采用其他的内生增长理论框架，例如干中学理论模型，也可以得到完全相同的理论结果①。这表明本书的理论推导结果具有"稳健性"。当然出于验证的严谨性，对理论命题的正确性，还需要使用实证研究结果进行检验。

由于生产部门用于生产的资本比例和用于环保的资本比例是无法准确度量的，所以对有关资本比例的命题 H_1 ~ 命题 H_5 的验证是非常困难的；不过，幸运的是对于推广到环境规制相关的命题采用一定的实证策略是可以进行验证的，又由于命题 H_{10} 是命题 H_7 的推广，因而可以通过对关于环境规制的命题 H_6 以及命题 H_8 ~ 命题 H_{10} 进行检验来验证本书理论的正确性。

事实上，根据论述，生产部门使用资本的比例只是对地方政府环境规制强度的一种最优反应，而这种反应虽然无法直接进行观察，但是最终会体现在产量和污染排放量上，对这两个变量观测就可以间接地证明本书的相关论点，因而验证关于资本比例的相关命题并非本书所研究的重点，本书所研究的重点在于地方政府的环境规制策略及其影响（主要包括产量、污染排放量以及居民反应），因而以下将对命题 H_6 以及命题 H_8 ~ 命题 H_{10} 进行验证。

二、针对居民效用函数影响的实证检验策略

居民函数的影响即为命题 H_6，针对命题 H_6 的实证检验，其关键在于对污染水平在居民效用函数中权重的识别。一般而言，该权重可以作为一个简单的常数型参数，但如果这样处理，对于命题 H_6 的实证检验将变得毫无意义，所以本书并没有将污染水平在居民效用函数中的权重看作一个常数。相反地，本书认为该权重会随着居民对于环境污染危害的认识程度等因素的改变而发生改变。一般来说居民对于环境污染危害的认识程度越高，该权重就越大；反之该权重就越小。所以使用环境规制强度作为被解释变量，使用该权重或者使用居民对于环境污染危害的认识程度（作为该权重的代理变量）作为解释变量建立回归模型是最简单有效的方式。但是，无论是污染水平在居民效用函数中权

---

① 出于简洁性考虑，这里没有给出相应的模型设置和推导过程。实际上，在"干中学"理论模型的基本框架下，只需要假定 $Y_0 = F(K, AL) = K^a(AL)^{1-a}$，$A = K$，其他设置与拉姆齐—卡斯—库普曼模型相同，利用相同的思路就可以得到相应的结论，而且结果是一致的。

重，还是居民对于环境污染危害的认识程度都是无法进行观测的，因而只能采用其他的实证检验策略。

一个可行的做法是使用可以表征居民选择表达对地方政府不满的概率指标作为该权重的代理变量，但是根据本文的模型构建，居民选择表达对地方政府不满的概率函数是由居民自身的效用水平决定的，而居民的效用水平又是由居民的消费、居民所面临的污染水平以及污染水平在居民效用函数中权重共同决定的，因此能够表征居民选择表达对地方政府不满概率的指标实质上包含了居民的消费水平、居民所面临的污染水平以及污染水平在居民效用函数中权重三方面因素，因而需要将居民的消费水平、居民所面临的污染水平两大因素从指标中"剔除"。为此，将以添加控制变量的方法实现"剔除"的效果。

具体的，以环境规制强度作为被解释变量，使用可以表征居民选择表达对地方政府不满概率的指标作为解释变量，为了"剔除"居民消费水平以及污染水平的影响，将在回归方程中控制这两个变量。根据计量经济学的相关理论，由于控制变量中包含了居民消费水平以及污染水平的影响作用，所以对相关方程进行参数估计时，居民选择表达对地方政府不满概率的影响就仅代表污染水平在居民效用函数中权重的影响，因而其系数的符号就可以被认为是该权重影响系数的符号，那么根据参数估计的结果就可以实现对命题 H_6 的实证检验。

三、针对环境规制以及财政分权影响的实证检验策略

命题 H_8 ~ 命题 H_{10} 概括了环境规制对污染排放和总产量的影响以及财政分权对地方政府环境规制强度选择的影响。由于在命题 H_8 ~ 命题 H_{10} 中并不包含难以识别的变量，所以相比于对命题 H_6 的检验而言，命题 H_8 ~ 命题 H_{10} 的实证检验策略就简单许多。具体而言，对于命题 H_8 可以将污染物排放量作为被解释变量，将环境规制强度作为解释变量，构建回归方程进行参数估计，并根据估计结果进行实证检验；对于命题 H_9 可以将总产量作为被解释变量，将环境规制强度作为解释变量，构建回归方程进行参数估计，并根据估计结果进行实证检验；对于命题 H_{10} 可以将环境规制强度作为被解释变量，将财政分权作

为解释变量，构建回归方程进行参数估计，并根据估计结果进行实证检验。这里需要额外指出的是，命题 H_8 的成立是建立在规避"遵循成本"现象基础之上的，因而对命题 H_8 的验证实质上也是对于这一假设的合理性进行验证。

第三节　实证模型设定

一、针对财政分权对环境规制强度影响的实证模型设定

根据命题 H_6 和命题 H_{10} 的实证检验策略，可以知道两者的被解释变量均为环境规制强度，因而对于这两个命题的实证检验可以通过一个回归模型完成。为此，本书建立了以环境规制强度为被解释变量，以表达对地方政府不满的概率指标以及财政自给率指标作为解释变量，并且在控制变量中包含了居民消费水平以及污染排放量的回归模型，具体如下：

$$RG_{it} = \theta_0 + \theta_1 AH_{it} + \theta_2 FD_{it} + \theta_3 PC_{it} + \theta_4 PL_{it} + X_{it}\theta_5 + \mu_i + \varepsilon_{it}$$

$$(4-29)$$

其中，RG 表示环境规制强度，AH 表示表达对地方政府不满的比率，FD 表示财政分权水平，PL 表示环境污染水平，PC 表示居民消费水平，X 表示其他影响环境规制强度的控制变量所组成的行向量；此外，$\theta_0 \sim \theta_4$ 为待估参数，θ_5 为待估参数组成的列向量；μ_i 为个体效应，ε_{it} 为随机扰动项；i 表示截面，t 则代表时间。

根据前文的实证检验策略，在式（4-29）中，变量 AH（表达对地方政府不满的比率）和 FD（财政自给率）的系数 θ_1、θ_2 是验证策略中的重点参数。如果系数 θ_1 显著为正，则可以验证命题 H_6，否则无法验证命题 H_6；如果系数 θ_2 显著为负，则可以验证命题 H_{10}，否则无法验证命题 H_{10}。

二、针对环境规制强度对排污影响的实证模型设定

根据命题 H_8 的实证检验策略，建立以排污量作为被解释变量，环境规制

强度作为解释变量的排污量回归方程：

$$PL_{it} = \lambda_0 + \lambda_1 RG_{it} + Z_{it}\lambda_2 + \sigma_i + \xi_{it} \qquad (4-30)$$

其中，PL 表示污染排放量，RG 表示环境规制强度，Z 表示其他影响总产量的控制变量所组成的行向量；此外，$\lambda_0 \sim \lambda_1$ 为待估参数，λ_2 为待估参数组成的列向量；σ_i 为个体效应，ξ_{it} 为随机扰动项。

根据前文的实证检验策略，在式（4-30）中，变量 RG（环境规制强度）的系数 λ_1 是验证策略中的重点参数。如果系数 λ_1 显著为负，则可以验证命题 H_8；否则无法验证命题 H_8。

三、针对环境规制强度对总产量影响的实证模型设定

根据命题 H_9 的实证检验策略，建立以总产量作为被解释变量，环境规制强度作为解释变量的总产量回归方程，具体如下：

$$GDP_{it} = \beta_0 + \beta_1 RG_{it} + Y_{it}\beta_2 + \upsilon_i + \omega_{it} \qquad (4-31)$$

其中，GDP 表示生产总值，RG 表示环境规制强度，Y 表示其他影响总产量的控制变量所组成的行向量；此外，$\beta_0 \sim \beta_1$ 为待估参数，β_2 为待估参数组成的列向量；υ_i 为个体效应，ω_{it} 为随机扰动项。

根据实证检验策略，在式（4-31）中，变量 RG（环境规制强度）的系数 β_1 是验证策略中的重点参数。如果系数 β_1 显著为负，则可以验证命题 H_9；否则无法验证命题 H_9。

第四节　变量定义与样本说明

一、变量定义

（一）式（4-29）的变量定义

1. 被解释变量。在式（4-29）中，被解释变量为环境规制强度（RG）。

现有研究中用来度量环境规制的指标主要可以分为以下四类：（1）规制数量类指标，如两会提案数、受理环境行政处罚案件数（彭星等，2013）以及环保法律法规数量（郑思齐等，2013）；（2）治理投资类指标，例如工业污染治理投资额与工业增加值的比值（徐圆，2014）；（3）规制绩效类指标，例如不同污染物的去除率和利用率（傅京燕等，2010；王杰等，2014）；（4）排污费强度类指标，例如使用工业增加值标准化后的排污费（李后建，2013；韩超等，2016）。

以下将对不同污染物的排放量做进一步的探讨，所以在选取环境规制变量时需要能够细化每一种污染物的规制强度，考虑到数据的可得性，借鉴傅京燕等（2010）、王杰等（2014）的度量方法，利用污染物的去除率或者利用率表征环境规制强度。由于不考虑污染物的空间外溢，将工业固体废物作为代表性污染物，结合数据的可得性，在本章中环境规制强度（RG）将以工业固体废物的综合利用率进行度量。

2. 解释变量。在式（4-29）中，存在居民表达对地方政府不满的比率（AH）和财政分权水平（FD）两个解释变量。第一，对于居民表达对地方政府不满比率的度量，根据基本理论框架中的定义，在实证研究中将同样采用上访表征居民表达对地方政府不满，考虑到本书研究的问题是环境污染问题，因而使用每万人关于环境的信访数量度量居民表达对地方政府不满的比率（AH）。第二，对于财政分权水平的度量，一般而言，财政分权水平的度量包括财政收入指标、财政支出指标和财政自主度指标进行度量（陈硕等，2012），根据基本理论框架中的定义，将采用财政自主度即财政自给率度量财政分权水平（FD），其计算公式为财政收入与财政支出之比。

3. 控制变量。

首先，对于式（4-29），根据前文的验证策略，对环境污染水平（PL）和居民消费水平（PC）进行控制：第一，对于环境污染水平（PL），根据理论研究中的假定，环境污染水平与污染排放量是相同的，因而本章中的环境污染水平（PL）将使用工业固体废物排放量进行度量，进行参数估计时使用其对数形式（$\ln PL$）；第二，对于居民消费水平（PC），使用最为常见的度量指标居民的人均消费进行度量，并且使用消费者价格指数进行平减为以1997年固定价格计算。

其次，对于式（4-29），根据式（4-15）和式（4-25），还对资本存量、总人口、技术水平进行了控制：第一，资本存量（K），借鉴相关研究的估算方法（张军等，2004），利用永续盘存法对各个地区的资本进行估算，具体方法如下：

$$K_t = (1 - \delta)K_{t-1} + \frac{I}{P_t^k}$$

其中，K 表示以 1997 年固定价格计算的实际资本存量，δ 为折旧率，这里借鉴了张军等（2004）的做法折旧率取 0.096，I 为投资完成额，P^k 表示固定资产投资指数，下标 t 表示时期，进行参数估计时使用其对数形式（$\ln K$）；第二，总人口（P），采用常住人口度量，进行参数估计时使用其对数形式（$\ln P$）；第三，技术水平，为了控制有变动的技术水平，借鉴相关研究（李子叶等，2015；刘叶等，2016）使用 DEA 方法计算 Malmquist 指数对技术进步进行测算，并将 1997 年的技术水平标准化为 1，从而得到各个时期的相对技术水平（MA），在计算 Malmquist 指数时产出数据使用 GDP（使用 1997 年固定价格进行计算），投入数据使用总就业人口和资本存量。

（二）式（4-30）的变量定义

1. 被解释变量。在式（4-30）中的被解释变量为工业固体废物排放量（PL），如前文所述污染物排放量与环境污染相一致，进行参数估计时使用其对数形式（$\ln PL$）。

2. 解释变量。环境规制强度（RG），与式（4-29）中的被解释变量以及式（4-30）中的解释变量相同，这里不再复述。

3. 控制变量。对于影响地区污染排放的变量。首先，根据环境库兹涅茨曲线理论（Pasche，2002；张红凤等，2009；刘笑萍等，2009；Kijima et al.，2010）对人均 GDP 的对数形式（$\ln PGDP$）及其平方项（$\ln^2 PGDP$）进行了控制。其次，根据理论模型的设置，污染物是资本的非期望产出，因此对资本存量（K）进行了控制，对于资本存量的计算方法前文已经介绍，这里不再复述，进行参数估计时使用其对数形式（$\ln K$）。最后，根据相关研究对以下变量进行了控制：第一，城市化水平（UR），城市是经济集聚发展的标志，集聚式发展有利减少污染排放（张可等，2013；张可等，2014；陆铭等，2014；东童童等，2015），采用非农人口占总人口的比重度量该指标；第二，外商直接投资（*FDI*），根据文献综述部分的介绍可以知道，目前外商直接投资对于环境污染的影响存在两种理论观点——"污染避难所"和"污染光环"，采用人民币兑美元的年度平均汇率计算得到了以人民币计价的外商投资，并利用固定投资价格指数折减为统一使用 1997 年价格计算；第三，人力资本水平（*HM*），人力资本水平高往往意味着具有较高的生产率，因而可以减少污染排放，借鉴相关研究（张学良，2012；刘伯凡等，2016），使用 6 岁人均受教育年限度量该指标，具体将小学文化程度设定为受教育 6 年、初中 9 年、高中与中专均是12 年、大专及以上是 16 年；第四，产业结构（*SE*），一般而言产业结构越高端，污染排放量越少，采取常见度量方式，使用第二产业产值比重作为该指标的代理变量。

（三）式（4 – 31）的变量定义

1. 被解释变量。在式（4 – 31）中，被解释变量为 *GDP*，采用 1997 年固定价格进行计算，进行参数估计时使用其对数形式（ln*GDP*）。

2. 解释变量。环境规制强度（*RG*），与式（4 – 29）的被解释变量相同，这里不再复述。

3. 控制变量。对于影响地区生产总值的变量。首先，根据柯布—道格拉斯生产函数的基本形式对以下变量进行了控制：第一，资本存量（*K*），对于资本存量的计算方法前文已经介绍，这里不再复述，进行参数估计时使用其对数形式（ln*K*）；第二，总人口（*P*），采用人口总数进行度量，进行参数估计时使用其对数形式（ln*P*）；第三，技术水平，同样采用相对技术水平进行度量，对于相对技术水平的计算方法前文已经介绍，这里不再复述。其次，根据相关研究对以下变量进行了控制：第一，人力资本水平（*HM*），现有的经济学研究认为一个地区的人力资本水平越高，经济发展就越快（Mincer，1984；Barro，2001；Lucas，2015），对于人力资本水平的计算方法前文已经介绍，这里不再复述；第二，城市化发展水平（*UR*），城市是各种要素的集聚，集聚能够促进经济增长，因而现有研究一般认为城市化是推动经济发展的重要动力（王小鲁，2002；Henderson，2003；李金昌等，2006；沈凌等，2009；武廷方等，2014），对于城市化的度量方法前文已经介绍，这里不再复述；第三，公路总里程数（RO），交易成本是影响经济发展的重要因素，而交通运输成本则是交易成本的重要组成部分，因而采用交通运输成本作为交易成本的代理变量，并使用公路里程数指标表征该变量。

（四）所有变量的名称、符号及计算方法

对于式（4-29）~式（4-31）涉及的所有变量的变量名称、符号以及相关计算方法如表4-1所示。

表4-1 变量名称、符号以及相关计算方法

变量名称	变量符号	计算方法	单位
污染水平	PL	工业固体废物排放量	亿吨
环境规制强度	RG	工业固体废物综合利用率	%
居民表达对地方政府不满的比率	AH	每万人关于环境的信访数量	件/万人
财政分权	FD	地方政府财政收入与财政支出之比	—
居民消费水平	PC	居民人均消费使用1997年固定价格计算	万元/人
人均GDP	PGDP	人均GDP使用1997年固定价格计算	元/人
资本存量	K	使用永续盘存法计算，使用1997年固定价格计算	万元
总人口	P	常住人口	万人
生产总值	GDP	使用1997年固定价格计算	万元
相对技术水平	MA	将1997年的技术水平标准化为1，使用Malmquist指数计算每一期的相对技术水平	—
劳动力	L	就业人口	万人
人力资本水平	HM	6岁以上人口人均受教育年限	年/人
城市化水平	UR	非农人口占总人口比例	%
公路里程数	RO	地区二级及以上公路总里程数	万公里
外商直接投资	FDI	采用人民币兑美元的年度平均汇率计算得到了以人民币计价的外商投资，并利用固定投资价格指数折减，统一使用1997年价格计算	亿元
产业结构	SE	第二产业产值比重	%

二、样本选取、数据来源和变量的描述性统计

(一) 样本选取

首先,如前所述,本章只研究不具有空间外溢的污染物,考虑到数据的可得性,以工业固体废物作为典型的污染物进行研究。其次,由于西藏数据大量缺少,因而选取我国内地除西藏以外的 30 个省份作为截面样本;由于污染物排放量的统计数据是从 2004 年开始的,另外考虑到数据的可得性,选取了2004~2015 年作为时间序列样本;由此组成了 30 个省份 12 年的面板数据样本。

(二) 数据来源

工业固体废物排放量、工业固体废物综合利用率数据来源于历年《中国环境统计年鉴》;每万人关于环境的信访数量来源于历年《中国环境年鉴》;财政收入、财政支出、GDP、GDP 折减指数、固定资产投资、总人口、就业人口数、非农人口、受教育水平、公路里程数、外商直接投资、第二产业产值等数据均来源于《中国统计年鉴》;固定资产价格指数来源于历年《中国价格统计年鉴》和国家统计局网站;年度平均汇率数据来源于 WIND 数据库;个别缺失值采用插值法予以补齐。具体各变量的描述性统计如表 4-2 所示。

表 4-2　　　　　　　　　各变量的描述性统计

变量名称	变量符号	样本量	平均值	标准差	最小值	最大值
污染水平	PL	360	0.790	0.760	0.010	4.560
环境规制强度	RG	360	67.200	20.000	20.300	99.400
居民表达对地方政府不满的比率	AH	360	0.773	0.576	0.001	4.270
财政分权	FD	360	0.520	0.194	0.148	0.951
人均消费	PC	360	0.863	0.531	0.220	3.332
人均 GDP	$PGDP$	360	24022.630	14762.350	3845.559	81623.960
资本存量	K	360	8728.000	9124.000	2060.000	55718.000
总人口	P	360	4414.000	2652.000	538.6.000	10849.000

续表

变量名称	变量符号	样本量	平均值	标准差	最小值	最大值
生产总值	GDP	360	10593.450	9558.271	409.100	52853.110
相对技术水平	MA	360	1.052	0.282	0.478	2.085
劳动力	L	360	2368.000	1593.000	238.600	6636.000
人力资本水平	HM	360	8.639	0.986	6.378	12.340
城市化水平	UR	360	0.503	0.139	0.082	0.896
公路里程数	RO	360	12.080	7.091	0.780	31.560
外商直接投资	FDI	360	97.110	148.300	0.821	789.500
产业结构	SE	360	47.630	7.7880	19.740	61.500

第五节 模型参数估计方法

观察式（4-29）~式（4-31）可以发现，各个方程之间的被解释变量、解释变量和控制变量之间存在互为因果的关系，因而在进行参数估计时不得不考虑各个回归方程中存在的内生性问题。为解决多个方程联立导致的内生性问题，一般可以将其视为联立方程组，因此将式（4-29）~式（4-31）视为联立的回归方程组。对于联立方程组的参数估计既可以通过解决内生性问题的方法针对单一方程进行估计，也可以将方程组视为一个整体进行系统估计。为此，分别利用针对单一方程和针对多方程系统的方法进行参数估计。具体在分析时以单一方程为主，并将利用联立方程组得到的估计结果作为稳健性检验。

一、单一方程估计方法

针对单一方程的估计，为解决内生性问题通常可以采用两阶段最小二乘法（2SLS）、广义矩估计（GMM）、有限信息最大似然估计（LIML）等方法进行参数估计。如果待估方程的扰动项不存在异方差、自相关等问题，两阶段最小二乘法（2SLS）是最有效的；如果待估方程的扰动项服从正态分布而且是大样本情况下，有限信息最大似然估计（LIML）与两阶段最小二乘法（2SLS）

是渐进等价的，而且有利于解决弱工具变量问题，但是在小样本条件下，有限信息最大似然估计（LIML）无法保证参数估计的一致性；相比之下，广义矩估计（GMM）不仅可以有效地解决扰动项的异方差和自相关问题，而且在不存在这些问题时等价于两阶段最小二乘法（2SLS），因此对于单一方程的估计选用广义矩估计（GMM）的方法进行参数估计。

在使用广义矩估计（GMM）时需要验证工具变量的有效性。为此，在工具变量的不可识别和弱工具变量的检验[①]方面，将借鉴相关研究（Kleibergena et al.，2006）对相关问题进行检验，而且在检验弱工具变量时借鉴相关检验策略（尹志超等，2010）以 10% 作为 Stock-Yogo 偏差临界值标准（Stock et al.，2002）；另外将借鉴相关研究（Hansen et al.，1982）对工具变量的过度识别问题[②]进行检验。

此外，考虑到本章中实证数据的截面样本为省级行政单位，彼此之间存在紧密联系，因此为了解决随机扰动项之间存在组内自相关进而导致显著性检验出现偏差的问题，在使用广义矩估计（GMM）时将使用聚类稳健估计。

二、系统估计方法

系统估计则是将多个方程看作一个整体系统，将多个方程看作一个整体意味着不同方程的随机扰动项之间存在相关性问题，因此使用系统估计方法不仅能够有效解决每个方程的内生性估计问题，还可以有效处理各个方程扰动项存在相关性的问题。最为常见的系统估计方法是利用三阶段最小二乘法（3SLS）。

使用三阶段最小二乘法之前，须确认方程组中每一个方程是否可以识别：如果联立方程组中的每一个方程都满足阶条件和秩条件，则方程能够识别，可以使用三阶段最小二乘法；如果不能满足阶条件和秩条件，则无法识别，那么

---

① 不可识别检验用以验证工具变量与内生解释变量的相关性，其原假设为"工具变量与内生变量相关"，本书将使用 *Kleibergen-Paap rk LM* 统计量进行检验；弱工具变量用以验证工具变量与内生变量相关性的强弱，原假设为"存在弱工具变量"，将使用 *Kleibergen-Paap rk Wald F* 统计量来检验。

② 过度识别问题是检验工具变量与扰动项的相关性，原假设为"所有工具变量都是外生的"，将使用 *Hansen's J* 统计量来检验。

便不能用三阶段最小二乘法（钞小静等，2014）。对于联立方程组的每个方程而言，方程识别的秩条件可以表述为：在一个含有 m 个内生变量的 m 个方程的联立方程系统中，一个方程是可识别的，当且仅当能从系统的不含该方程外的所有变量的系数矩阵中构造出至少一个 $(m-1) \times (m-1)$ 阶的非零行列式；方程识别的阶条件则可以表述为：如果一个方程是可识别的，那么它所包含的先决变量的个数必须大于等于它所包含的内生变量的个数减 1。结合式（4-29）~式（4-31）可以发现，联立方程组完全符合方程识别的阶条件和秩条件，因而可以使用三阶段最小二乘法（3SLS）。

三、面板数据中个体效应的处理

由于实证数据样本使用的是 30 个截面 12 年的面板数据，在面板数据中存在个体效应，因而需要考虑消除个体效应的影响，否则无法得到一致的参数估计结果。一般而言，个体效应可以分为固定效应和随机效应，当个体效和解释变量或者控制变量中任意一个变量相关时被视为固定效应；当个体效和解释变量或者控制变量中所有的变量都不相关时被视为随机效应。不过无论是固定效应还是随机效应，进行参数估计时将个体效应视作固定效应都可以得到参数的一致性估计，又由于广义矩估计（GMM）和三阶段最小二乘法（3SLS）的估计方法限制，所以将个体效应视为固定效应。为了得到一致的参数估计结果，将采用离差形式消除固定效应，而后利用单一方程估计和系统估计方法对离差形式数据进行参数估计从而得到一致性参数估计结果。

第六节　实证结果与分析

一、单一方程参数估计结果与分析

（一）式（4-29）的估计结果与分析

表 4-3 中给出了式（4-29）使用广义矩估计得到的参数估计结果。由

于在进行广义矩估计时，选用了滞后一期的环境污染水平（*PL*）作为工具变量，所以牺牲了一期的观测值，导致样本量变为330。对于参数估计结果的分析必须以工具变量的有效性为前提，如果工具变量无效那么参数估计结果将毫无意义。

表4－3　　　　　　　　式（4－29）参数估计结果

GMM 估计		
式（4－29）		
被解释变量	*RG*	*RG*
AH	0.060 *** (5.122)	0.107 *** (5.426)
FD	－ 0.223 *** （－ 2.854）	－ 0.212 *** （－ 2.988）
ln*PL*	0.003 ** (2.251)	0.004 *** (2.851)
PC	－ 0.224 *** （－ 3.332）	－ 0.140 ** （－ 2.132）
ln*K*	－ 0.020 （－ 1.553）	－ 0.015 （－ 1.221）
ln*P*	0.074 * (1.692)	0.081 * (1.828)
MA	0.071 ** (2.122)	0.083 *** (2.786)
Kleibergen-Paap rk LM（*P* 值）	6.280 (0.043)	4.655 (0.0976)
Kleibergen-Paap rk Wald F（*Stock-Yogo bias critical value*：10%）	25.928 (19.93)	26.282 (19.93)
Hansen's J（*P* 值）	2.169 (0.140)	1.825 (0.177)
R^2	0.221	0.418
是否控制时间固定效应	否	是
样本数	330	330

注：***、** 和 * 分别表示在1%、5%和10%的水平上显著；括号内为利用聚类稳健标准误计算得到 *z* 检验值。该参数估计结果由 stata14 命令 xtivreg2 实现，在使用固定效应时该命令不汇报常数项。

观察表4-3中式（4-29）考虑时间固定效应和不考虑时间固定效应的两种参数估计结果可以发现，首先，根据 *Kleibergen-Paap rk LM* 统计量及其 *P* 值可以确定在两种情况下都不存在工具变量不可识别的问题；其次，利用 *Kleibergen-Paap rk Wald F* 统计量与标准为10%的 *Stock-Yogo* 偏差临界值进行对比，可以确定在两种情况下都不存在弱工具变量问题；最后，根据 *Hansen's J* 统计量可以确定在两种情况下都不存在工具变量过度识别的问题。因此，式（4-29）考虑时间固定效应和不考虑时间固定效应两种情况下工具变量设置都是有效的。此外，对比式（4-29）考虑时间固定效应和不考虑时间固定效应的两种参数估计结果可以发现，各个变量估计系数的符号完全相同，显著性水平并未发生明显变化，由此可以说明模型的估计结果是稳健的。综上所述，可以证明使用广义矩估计得到的参数估计结果是可信的。

接下来，将对命题 H_6 和命题 H_{10} 的检验结果进行说明分析。首先，在考虑时间固定效应和不考虑时间固定效应两种情况下，居民表达对地方政府不满比率（*AH*）的系数都在1%的置信水平上显著为正，由于在进行参数估计时控制了环境污染水平（*PL*）和居民消费水平（*PC*），所以可以认为居民选择表达对地方政府不满概率的影响能够代表污染水平在居民效用函数中权重的影响，这表明在其他条件不变的情况下，污染水平在居民效用函数中权重越大，地方政府所采用最优环境规制强度就越大，即命题 H_6 成立；其次，在考虑时间固定效应和不考虑时间固定效应两种情况下财政自给率（*FD*）的系数均为负，而且都在1%的置信水平上显著，这表明在其他条件不变的情况下，地方政府的财政自给率水平越高，地方政府所采用最优环境规制强度就越小，即命题 H_{10} 成立。

最后，将式（4-29）中的控制变量进行说明分析。第一，在不考虑时间固定效应和考虑时间固定效应的两种情况下，环境污染水平（*PL*）的系数分别在5%和1%的置信水平上显著为正，这意味着在其他条件不变的情况下，环境污染水平越高，政府选择的最优环境规制水平就越高，因而符合基本理论框架的预期：一个地区的环境污染水平越高，当地居民的效用水平就越低，选择"居民表达对地方政府不满"的概率就越大，地方政府官员为了避免被中央政府处罚就会选择增大环境规制强度以降低污染水平。第二，在不考虑时间固定效应和考虑时间固定效应的两种情况下，居民消费水平（*PC*）的系数分别在 1% 和 5% 的置信水平上显著为负，这意味着在其他条件不变的情况下，居民的消费水平越高，政府选择的最优环境规制强度就越低，因而符合基本理论框架的预期：一个地区的居民的消费水平越高，当地居民的效用水平就越高，选择"居民表达对地方政府不满"的概率就越小，地方政府官员就可以选择较低的环境规制强度提高 GDP 增速，提高晋升可能性。第三，在不考虑时间固定效应和考虑时间固定效应的两种情况下，总人口（$\ln P$）都在 10% 的置信水平上显著为正，符合基本理论框架的预期。第四，在不考虑时间固定效应和考虑时间固定效应的两种情况下，相对技术水平（MA）的符号分别在 5% 和 1% 的置信水平上显著为正，符合基本理论框架的预期。第五，资本存量（$\ln K$）的系数为负但不显著，实际上根据式（4 - 15）和式（4 - 25），资本存量（$\ln K$）的系数是无法确定的。

（二）式（4 - 30）的估计结果与分析

表 4 - 4 中给出了式（4 - 30）使用广义矩估计得到的参数估计结果。由于在进行广义矩估计时，选用了滞后一期的环境规制强度（RG）作为工具变量，所以牺牲了一期的观测值，导致样本量变为 330。对于参数估计结果的分析必须以工具变量的有效性为前提，如果工具变量无效那么参数估计结果将毫无意义。

表 4 - 4　　　　　　　　　　式（4 - 30）参数估计结果

GMM 估计		
式（4 - 30）		
被解释变量	$\ln PL$	$\ln PL$
RG	- 6.646 *** （- 2.633）	- 8.483 *** （- 2.632）
$\ln PGDP$	8.483 *** （2.632）	4.210 *** （3.099）
$\ln^2 PGDP$	- 0.147 ** （- 2.570）	- 0.205 ** （- 2.208）
$\ln K$	0.093 ** （2.170）	0.086 ** （2.022）

续表

GMM 估计		
式（4－30）		
被解释变量	lnPL	lnPL
UR	-0.306 （-1.185）	-0.227 （-0.658）
FDI	0.001^{**} （2.403）	0.001^{**} （2.517）
HM	0.024 （0.172）	0.178 （1.101）
SE	0.013 （1.138）	0.013 （1.197）
Kleibergen-Paap rk LM （P 值）	5.425 （0.072）	4.916 （0.085）
Kleibergen-Paap rk Wald F （*Stock-Yogo bias critical value*：10%）	29.623 （19.93）	32.033 （19.93）
Hansen's J （P 值）	0.155 （0.694）	1.489 （0.222）
R^2	0.612	0.755
是否控制时间固定效应	否	是
样本数	330	330

注：***、** 和 * 分别表示在 1%、5% 和 10% 的水平上显著；括号内为利用聚类稳健标准误计算得到 z 检验值。该参数估计结果由 stata14 命令 xtivreg2 实现，在使用固定效应时该命令不汇报常数项。

观察表 4－4 中式（4－30）考虑时间固定效应和不考虑时间固定效应的两种参数估计结果可以发现，首先，根据 *Kleibergen-Paap rk LM* 统计量及其 P 值可以确定在两种情况下都不存在工具变量不可识别的问题；其次，利用 *Kleibergen-Paap rk Wald F* 统计量与标准为 10% 的 *Stock-Yogo* 偏差临界值进行对比，可以确定在两种情况下都不存在弱工具变量问题；最后，根据 *Hansen's J* 统计量可以确定在两种情况下都不存在工具变量过度识别的问题。因此，针对式（4－30）考虑时间固定效应和不考虑时间固定效应两种情况下工具变量设置都是有效的。此外，对比式（4－30）考虑时间固定效应和不考虑时间固定效应的两种参数估计结果可以发现，各个变量估计系数的符号完全相同，显著性水平并未发生明显变化，由此可以说明模型的估计结果是稳健的。综上所述，可以证明使用广义矩估计得到的参数估计结果是可信的。

在此基础上，对命题 H_8 的检验结果进行说明分析。在考虑时间固定效应和不考虑时间固定效应两种情况下，环境规制强度（RG）的系数都在 1% 的置信水平上显著为负，这表明在其他条件不变的情况下，环境规制强度越大，当地的环境污染水平就越低，即命题 H_8 成立。根据式（4-17）和式（4-27）可知，该命题成立的前提是 $G_0^* < 0$ 和 $G_4^* < 0$；而在基本理论分析时，这两个条件成立则来源于假设 $G_0 < 0$ 和 $G_4 < 0$，即不存在"遵循成本"现象。鉴于实证结果证明了命题 H_8 成立，也就表明在中国的现实中，确实不存在"遵循成本"现象，因而基本理论框架中的假设条件设置是合理的。

最后，对式（4-30）中的控制变量进行说明分析。第一，在不考虑时间固定效应和考虑时间固定效应的两种情况下，人均 GDP（$\ln PGDP$）的系数都在 1% 的置信水平上显著为正，人均 GDP 的平方项（$\ln^2 PGDP$）的系数都在 1% 的置信水平上显著为负，这意味着环境污染水平和人均 GDP 呈倒 U 型关系符合环境库兹涅茨曲线命题；第二，在不考虑时间固定效应和考虑时间固定效应的两种情况下，资本存量（$\ln K$）的系数都在 5% 的置信水平上显著为正，符合基本理论的设置；第三，在不考虑时间固定效应和考虑时间固定效应的两种情况下，外商直接投资（FDI）的系数都在 5% 的置信水平上显著为正，这表明外商直接投资越多，污染水平就越高，说明中国更符合"污染避难所"理论命题；第四，其他的控制变量如城市化水平（UR）、人力资本水平（HM）、产业结构（SE）符号，虽然符合预期，但是都不显著。

（三）式（4-31）的估计结果与分析

表 4-5 给出了式（4-31）使用广义矩估计得到的参数估计结果。由于在进行广义矩估计时，选用了滞后一期的环境规制强度（RG）作为工具变量，所以牺牲了一期的观测值，导致样本量变为 330。对于参数估计结果的分析必须以工具变量的有效性为前提，如果工具变量无效那么参数估计结果将毫无意义。

表 4 - 5   式（4 - 31）参数估计结果

被解释变量	GMM 估计	
	式（4 - 31）	
被解释变量	ln*GDP*	ln*GDP*
RG	-0.330*** (6.002)	-0.340*** (9.221)
ln*K*	0.517*** (8.703)	0.482*** (7.493)
ln*P*	0.753*** (6.318)	0.660*** (2.760)
MA	0.019** (2.181)	0.008** (2.008)
HM	0.084*** (3.520)	0.075*** (3.715)
UR	0.036 (0.938)	0.047 (1.289)
RO	0.007*** (4.765)	0.013*** (2.345)
Kleibergen-Paap rk LM （*P* 值）	4.643 (0.098)	6.270 (0.043)
Kleibergen-Paap rk Wald F （*Stock-Yogo bias critical value*：10%）	24.521 (19.93)	32.263 (19.93)
Hansen's J （*P* 值）	2.494 (0.114)	0.407 (0.523)
R^2	0.982	0.988
是否控制时间固定效应	否	是
样本数	330	330

注：***、**和*分别表示在1%、5%和10%的水平上显著；括号内为利用聚类稳健标准误计算得到z检验值。该参数估计结果由 stata14 命令 xtivreg2 实现，在使用固定效应时该命令不汇报常数项。

观察表 4 - 5 中式（4 - 31）考虑时间固定效应和不考虑时间固定效应的两种参数估计结果可以发现，首先，根据 *Kleibergen-Paap rk LM* 统计量及其 *P* 值可以确定在两种情况下都不存在工具变量不可识别的问题；其次，利用 *Kleibergen-Paap rk Wald F* 统计量与标准为 10% 的 *Stock-Yogo* 偏差临界值进行对比，可以确定在两种情况下都不存在弱工具变量问题；最后，根据 *Hansen's J* 统计量可以确定在两种情况下都不存在工具变量过度识别的问题。因此，针对式（4-31）考虑时间固定效应和不考虑时间固定效应两种情况下工具变量设置都是有效的。此外，对比式（4-31）考虑时间固定效应和不考虑时间固定效应的两种参数估计结果可以发现，各个变量估计系数的符号完全相同，显著性水平并未发生明显变化，由此可以说明模型的估计结果是稳健的。综上所述，可以证明使用广义矩估计得到的参数估计结果是可信的。

接下来，将对命题 H_9 的检验结果进行说明分析。在考虑时间固定效应和不考虑时间固定效应两种情况下，环境规制强度（*RG*）的系数都在1%的置信水平上显著为负，这表明在其他条件不变的情况下，环境规制强度越大，当地的生产总值就越少，即命题 H_9 成立。根据式（4-18）和式（4-28）可知，该命题成立的前提是 $G_0^* < 0$ 和 $G_4^* < 0$；而在基本理论分析时，这两个条件成立则来源于假设 $G_0 < 0$ 和 $G_4 < 0$，即不存在"遵循成本"现象。鉴于实证结果证明了命题 H_8 成立，也就表明在中国的现实中，确实不存在"遵循成本"现象，因而基本理论框架中的假设条件设置是合理的。

最后，对式（4-3）中的控制变量进行说明分析。第一，在不考虑时间固定效应和考虑时间固定效应的两种情况下，资本存量（ln*K*）的系数都在1%的置信水平上显著为正，总人口（ln*P*）的系数同样都在1%的置信水平上显著为正，这符合常见的柯布—道格拉斯函数要求。第二，在不考虑时间固定效应和考虑时间固定效应的两种情况下，相对技术水平（*MA*）的系数都在5%的置信水平上显著为正，符合理论预期。第三，在不考虑时间固定效应和考虑时间固定效应的两种情况下，人力资本水平（*HM*）的系数都在1%的置信水平上显著为正，符合理论预期；以及相对技术水平（*MA*）的符号符合基本理论框架的预期。第四，在不考虑时间固定效应和考虑时间固定效应的两种情况下，道路里程数（*RO*）的系数都在1%的置信水平上显著为正，符合理论预期。第五，在不考虑时间固定效应和考虑时间固定效应的两种情况下，道路里程数（*RO*）的系数都在1%的置信水平上显著为正，符合理论预期。第六，在不考虑时间固定效应和考虑时间固定效应的两种情况下，城市化水平（*UR*）的系数为正，但是不显著。

二、联立方程组参数估计结果——稳健性检验

表4-6中给出了使用三阶段最小二乘法（3SLS）得到的参数估计结果。首先，对比不考虑时间固定效应和考虑时间固定效应的情况，相同方程的参数估计结果符号完全相同，而且显著性水平相差不大，由此可以判断参数估计结果是稳健的；其次，对比三阶段最小二乘法和广义矩估计得到的参数估计结果可以发现，使用不同的估计方法以及是否考虑时间固定效应对主要变量的参数估计结果影响不大：每种情况下主要变量的参数估计结果符号完全相同，显著性水平没有发生变化，也没有发生根本性变化，控制变量的符号也完全相同，只有个别变量的显著性水平存在差异。综上所述，可以认为本章所设立的计量模型是有效的，由此得到的参数估计结果是稳健可信的。

表4-6　　　　　　　　　　　联立方程组参数估计结果

被解释变量	3SLS 估计					
	式（4-29）	式（4-30）	式（4-31）	式（4-29）	式（4-30）	式（4-31）
	RG	$\ln PL$	$\ln GDP$	RG	$\ln PL$	$\ln GDP$
RG		-5.855 *** (-2.801)	-2.738 *** (-9.609)		-3.431 *** (-4.239)	-3.136 *** (-9.948)
AH	0.026 *** (2.820)			0.045 *** (5.169)		
FD	-0.552 *** (-3.903)			-0.611 *** (-3.114)		
$\ln PL$	0.011 * (1.885)			0.019 * (1.903)		
PC	-0.124 *** (-6.586)			-0.074 *** (-3.567)		
$\ln PGDP$		2.655 *** (3.996)			3.528 *** (3.671)	
$\ln^2 PGDP$		-0.182 ** (-2.476)			-0.089 *** (-2.828)	
$\ln K$	-0.012 (-1.105)	0.606 *** (3.694)	0.640 *** (9.793)	-0.015 (-1.252)	0.482 *** (6.819)	0.520 *** (4.389)

被解释变量	3SLS 估计					
	式（4-29）	式（4-30）	式（4-31）	式（4-29）	式（4-30）	式（4-31）
	RG	$\ln PL$	$\ln GDP$	RG	$\ln PL$	$\ln GDP$
$\ln P$	0.047*** (2.927)		0.499*** (14.294)	0.032*** (3.795)		0.633*** (12.171)
MA	0.055** (2.081)		0.132** (2.249)	0.029** (1.976)		0.076** (2.125)
HM		0.098 (0.997)	0.058** (2.546)		0.168 (1.297)	0.043** (2.104)
UR		-0.629 (-0.998)	0.499*** (2.917)		-0.431 (-0.650)	0.263* (1.694)
RO			0.031*** (11.178)			0.017*** (6.031)
FDI		0.001** (2.147)			0.000*** (2.905)	
SE		0.048*** (4.142)			0.055*** (7.742)	
cons（常数项）	0.121 (1.346)	19.527* (1.948)	-0.374 (-1.422)	-0.047 (-0.449)	26.476** (2.560)	-1.487 (-0.669)
R^2	0.253	0.842	0.928	0.551	0.926	0.993
是否控制时间固定效应	否	否	否	是	是	是
样本数	360	360	360	360	360	360

注：***、**和*分别表示在1%、5%和10%的水平上显著；括号内为利用稳健标准误计算得到 z 检验值。

由表4-6中可以看出，第一，在不考虑时间固定效应和考虑时间固定效应的两种情况下，在式（4-29）中居民表达对地方政府不满比率（AH）的系数都在1%的置信水平上显著为正，其符号和显著性水平与使用广义矩估计得到的结果完全一致，这表明命题 H_6 成立的结果是稳健的；第二，在不考虑时间固定效应和考虑时间固定效应的两种情况下，在式（4-29）中，财政自给率（FD）的系数均为负，而且都在1%的置信水平上显著，其符号和显著性水平与使用广义矩估计得到的结果完全一致，这表明命题 H_{10} 成立的结果是稳健的；第三，在不考虑时间固定效应和考虑时间固定效应的两种情况下，在式（4-30）中，环境规制强度（RG）的系数均为负，而且都在1%的置信水平上显著，其符号和显著性水平与使用广义矩估计得到的结果完全一致，这表明命题 H_8 成立的结果是稳健的；第四，在不考虑时间固定效应和考虑时间固定效应的两种情况下，在式（4-31）中，环境规制强度（RG）的系数均为负，而且都在1%的置信水平上显著，其符号和显著性水平与使用广义矩估计得到的结果完全一致，这表明命题 H_9 成立的结果是稳健的。

对于各个回归模型中的控制变量，其结果与广义矩估计的结果基本一致，并没有推翻原有的结论，只是在式（4-30）中，第二产业产值比重（SE）系数的显著性水平和在式（4-31）中城镇化（UR）系数的显著性水平有所提高。因而这里对于联立方程组中控制变量的参数估计结果不再重复分析。

第五章　省级政府对空间外溢污染物的规制选择

本章在进行理论研究时仅仅考虑具有空间外溢性污染物的问题，在进行实证研究时则将二氧化硫作为研究对象。此外，为了理论研究的简洁性，在进行理论分析时仅使用拉姆齐—卡斯—库普曼模型框架，当然利用 AK 内生增长模型并不影响理论研究的结论。

第一节　关于外溢性污染物的理论框架

虽然额外考虑了污染物的空间外溢，不过对基本理论框架的扩展并没有导致理论框架发生根本性变化，实质上基本延续了拉姆齐—卡斯—库普曼模型框架。具体而言，在生产部门的生产函数和非期望产出、消费部门的效用函数和不满函数、地方政府的效用函数以及中央政府的效用函数设置都是完全相同的。不过由于本地区的环境质量不再完全由本地排放的污染物排放量所决定，所以居民的效用水平还受到其他地区的污染物排放影响，因而其选择"表达对地方政府不满"的概率也会受到影响，进而会影响到当地政府的效用水平，那么当地的政府是否会改变原有的决策呢？

一、生产部门决策

污染物的空间外溢所带来的直接影响就是污染的影响范围不再局限于本地，所以每一个地区的环境质量除了决定于本地生产部门所产生的污染物排放量之外还会受到其他地区污染物排放的影响。因此，本地区的环境质量由本地区的生产部门所排放的污染物水平以及其他地区的生产部门所排放的污染物水

85

平共同决定。如果假设存在两个相邻地区：A 地区和 B 地区，根据式（3－6），两个地区生产部门的污染排放函数分别为：

$$P^1 = \frac{(\alpha^A K^A)^{\varepsilon_1}}{[(1-\alpha^A)K^A]^{\varepsilon_2}}$$

$$P^2 = \frac{(\alpha^B K^B)^{\varepsilon_1}}{[(1-\alpha^B)K^B]^{\varepsilon_2}} \tag{5-1}$$

式（5－1）中字母含义与式（3－6）相同，其中 P^1、P^2 分别表示 A 地区和 B 地区的污染物排放量，而上标 A、B 则代表 A 地区和 B 地区。由于两个地区的污染物水平还受到相邻地区的污染物排放量影响，因而 A 地区和 B 地区所面临的污染物总量为：

$$P^A = P^1 + mP^2$$

$$P^B = P^2 + mP^1 \tag{5-2}$$

其中，P^A、P^B 分别表示 A 地区和 B 地区的污染物水平，同时也可以表示 A 地区和 B 地区的环境质量；m 则表示污染物的外溢系数。

不过，对于生产部门，这些都是无足轻重的，因为生产部门不会为外来的污染物负担成本，地方政府也只会针对本地区生产部门的污染物排放进行规制。因此对于生产部门，其利润函数依然可以使用式（4－29）表示，而其决策的过程依然是利润最大化的过程，式（4－2）~式（4－4）依然是生产部门利润最大化的一阶条件。不仅如此，根据式（4－5），依然需要避免"遵循成本"现象的假设条件 $\varepsilon_2 < a < \varepsilon_1$ 是成立的。

二、消费部门决策

对于居民的决策，无论是效用函数还是居民表达对地方政府不满的函数都延续第三章的设置形式。对于居民的效用水平最大化，无论污染物是否具有外溢性，都无法左右污染的排放，更无法左右环境质量，因而在本章中环境质量水平对居民依然属于外生变量，居民在进行最优化决策时依然只能局限于对消费路径的选择，污染物表达式的变化不会影响最优化的求解，因此居民的最优消费路径依然可以用式（4－7）表示。然而，这种外溢性依然会对居民的效用水平产生影响。

事实上，污染物的空间外溢性对居民带来了两方面的冲击。第一，居民的效用水平发生了变化，虽然居民仍然保持了原有的消费路径，但是其效用水平发生了变化，不存在空间外溢的条件下，居民效用水平中的 P 可以用式（5-1）表示，仅仅包含本地区的污染物排放量；存在空间外溢的条件下，居民效用水平中的 P 则由式（5-2）表示，不仅包含本地区的污染物排放量，还包含了其他地区的污染物排放量。第二，影响了居民对"表达对地方政府不满"的选择，根据式（4-8），居民选择"表达对地方政府不满"的概率由其效用水平决定，所以当居民的效用水平受到影响时，其选择"表达对地方政府不满"的概率必然会受到影响。

三、地方政府决策

对于地方政府的效用函数，本章依然延续第三章的设置，那么地方政府的效用水平必然受当地居民效用水平的影响，而当地居民的效用水平会受到其他地区扩散而来的污染物的影响，所以地方政府的效用水平会受到其他地区的污染物的影响。同样以 A 地区和 B 地区为例，根据式（4-12）、式（5-2）可得 A、B 两个地区地方政府的效用函数：

$$
\begin{aligned}
U_G^A(Y(t), N(t)) &= \ln Y^A(t) + \eta_2 \ln c^A(t) - \\
&\quad \eta_1 \eta_2 \ln(P^1(t) + mP^2(t)) - \eta_2 \ln L_0^A - \eta_2 n_0^A t \\
U_G^B(Y(t), N(t)) &= \ln Y^B(t) + \eta_2 \ln c^B(t) - \\
&\quad \eta_1 \eta_2 \ln(P^2(t) + mP^1(t)) - \eta_2 \ln L_0^B - \eta_2 n_0^B t
\end{aligned}
$$

$$(5-3)$$

在没有污染外溢的情形下，就如同第三章分析的那样，地方政府官员无法左右本期的资本水平，只能通过环境规制强度对生产部门用于生产的资本比例 α 和用于减排的资本比例 $(1-\alpha)$ 施加影响；如果存在污染外溢，由于本地区的环境规制并不会影响其他地区生产部门的生产利润和决策，所以地方政府官员不仅不能左右本期资本水平，而且不能对邻近地区的污染物造成的外溢产生影响。因此 A 地区的地方政府无力改变其效用函数中的 $mP^2(t)$，B 地区的地方政府则无力改变其效用函数中的 $mP^1(t)$，所以在进行效用最大化决策时只能将其视为外生变量。这样一来，对于地方政府最优的 α^* 依然由式（3-33）所决定。同样的，地方政府最优的环境规制强度 τ^* 是由式（4-15）决定，即在本章中地方政府的最优决策与第三章中的最优决策并没有区别，那么第三章得到的所有理论推导结果完全适用于本章。

四、外溢性的影响分析

由于具有空间外溢性的污染物能够带来负外部性，所以对整个社会造成的危害要更大，因而相比于不具有空间外溢性的污染物而言应当增大环境规制强度，以减少该类污染物的危害，但是现有的治理结构无法解决这一问题。正如前面分析的那样，尽管地方政府面对存在具有空间外溢性的污染物，但是地方的最优决策并没有发生任何改变。鉴于规制强度没有发生改变，那么本地区生产部门的排污行为也就不会有所差异，但是由于有其他地区的影响，所以当地面临的实际污染水平相对更高。这也就表明现实中具有空间外溢性的污染物所造成的环境污染程度，会比不具有空间外溢性的污染物造成的环境污染程度要大。

那么地方政府为什么不采取差异性的环境规制强度呢？由式（5-3）可知，这种外溢性的污染物是能够通过居民的效用水平影响到地方政府的效用，但是地方政府在进行效用水平最大化时却难以改变外溢带来的效用水平降低问题。其根本原因在于管辖权的限制。以 A 地区的地方政府为例，其效用水平为：

$$U_G^A(Y(t),N(t)) = \ln Y^A(t) + \eta_2 \ln c^A(t) -$$
$$\eta_1\eta_2\ln(P^1(t) + mP^2(t)) - \eta_2\ln L_0^A - \eta_2 n_0^A t$$

$$(5-3A)$$

再将式（5-1）代入可得：

$$U_G^A(Y(t),N(t)) = \ln Y^A(t) + \eta_2 \ln c^A(t) -$$
$$\eta_1\eta_2\ln\left(\frac{(\alpha^A(t)K^A(t))^{\varepsilon_1}}{[(1-\alpha^A(t))K^A(t)]^{\varepsilon_2}} + m\frac{(\alpha^B(t)K^B(t))^{\varepsilon_1}}{[(1-\alpha^B(t))K^B(t)]^{\varepsilon_2}}\right) -$$

$$\eta_2 \ln L_0^A - \eta_2 n_0^A t \tag{5 - 3B}$$

根据式（5 - 3B），由 B 地区生产部门产生的污染 $mP^2(t)$ 能够对 A 地区的效用水平产生影响，但是 A 地区的地方政府不能对 B 地区生产部门的资本比例 α^B 产生影响，也就是说 A 地区的地方政府不能对降低了自身效用水平的污染 $mP^2(t)$ 作出任何的回应。在这种管辖权的限制下，A 地区的地方政府为了实现自己效用水平的最大化只能通过环境规制强度影响 α^A。在此条件下，不仅 A 地区地方政府效用水平降低，而且当地居民的效用水平也同样降低了。

事实上，在不存在空间外溢的情况下，当地的居民可以通过向中央政府表达不满从而迫使地方政府改变策略，但是一旦地方政府对某些污染无能为力时这种传导机制就会中断，环境质量并不会因此得到改变。因此在当下的治理结构下，污染物的空间外溢性放大了污染的危害程度，不仅导致地方政府的效用水平下降，还导致了当地居民的效用水平下降。

五、中央政府决策的影响

由于污染物的空间外溢性扩大了污染的危害程度，地方政府又受到管辖权的限制无法对其他地区的污染物排放产生影响，所以中央政府的作用就举足轻重了。根据本文的设定，中央政府的目标在于实现各个地区居民效用水平的最大化，那么必然要尽量消除污染物的外溢性影响，降低污染危害。为了解决这一问题，中央政府可以从两个方面对地方政府进行监督：第一，采用简单而又有效的办法——直接限制每个地区地方政府对于环境规制强度选择的自由度，这一方法不仅能直接降低当地的污染排放，还能降低负外部性的扩散，更为重要的是在我国现有的自上而下的治理体制下，这一方法可以迅速有效地执行。事实上，我国中央政府确实进行了类似的规定，例如中央政府直接对二氧化硫去除率的限制。第二，加大对"表达对地方政府不满"的"反应力度"，同样是由于信息不对称，中央政府为了实现差异化的目标仅仅会对环境规制强度进行一定程度的限制，所以为了实现目标另一个可以使用的策略是加大对"居民表达对地方政府不满"的"反应力度"，以达到提高上访数量在地方政府效用函数中的权重，即提高 η_2 的目的。由于中央政府会努力提高上访数量在地方政府效用函数中的权重（η_2），那么显然地方政府财政分权对该权重的影响就会变小，由此提出第十一个命题：

H_{11}：在其他条件不变的情况下，地方政府对具有空间外溢性的污染物所执行的环境规制强度受到当地财政分权水平的负向影响比不具有空间外溢性的污染物更小。

第二节　实证策略与模型设定

根据以上分析，污染物的空间外溢性虽然降低了居民和地方政府的效用水平，但是并没有改变地方政府的决策行为，因而第三章得到的理论命题依然成立。为了对此进行验证，以下将利用二氧化硫的相关数据对第三章的相关命题进行检验；除此以外，还将给出命题 H_{11} 的相关检验策略。

一、针对财政分权对环境规制强度影响的实证模型设定

由于需要验证的命题完全相同，所以本节完全采用第四章的检验策略，但是由于污染物存在空间外溢性，所以需要针对实证模型进行一定的改进。具体地，考虑到其他地区污染物排放也会对居民的效用水平产生影响，因而在控制居民的消费水平、居民所面临的污染水平两大因素时还需要控制其他地区的污染物排放量，因此可以将式（4-29）扩展为以下空间杜宾模型：

$$RG_{it}^s = \theta_0 + \theta_1 AH_{it} + \theta_2 FD_{it} + \theta_3 PC_{it} + \theta_4 PL_{it}^s + \theta_5 W \times PL_{it}^s + X_{it}\theta_6 + \mu_i^s + \varepsilon_{it}^s$$

$$(5-4)$$

其中，RG 表示环境规制强度，AH 表示居民表达对地方政府不满的比率，FD 表示财政分权水平，PL 表示环境污染水平，PC 表示居民消费水平，X 表示其他影响环境规制强度的控制变量所组成的行向量。此外，$\theta_0 \sim \theta_5$ 为待估参数，θ_6 为待估参数组成的列向量；μ_i 为个体效应，ε_{it} 为随机扰动项；i 表示截面，t 则代表时间，上标 s 表示相应变量由二氧化硫相关数据计算得到。W 为空间矩阵，考虑省域面积一般较大，所以采用最为常见的相邻空间权重矩阵 $\tilde{W}$，该

矩阵的对角线元素均为 0。最后按照一般的处理方法，将该矩阵进行行标准化处理，使每行元素之和为 1。另外为了避免"孤岛效应"，将海南与广东设为相邻。则该矩阵其他元素满足如下方程：

$$\tilde{w}_{ij} \begin{cases} = 1, 若 i 与 j 相邻 \\ = 0, 若 i 与 j 不相邻 \end{cases} (i \neq j) \qquad (5-5)$$

最后该权重矩阵经过行标准化处理，使得每一行元素和为 1，于是得到回归模型中使用的空间权重矩阵 W，该矩阵所有元素满足如下方程：

$$w_{ij} = \frac{\tilde{w}_{ij}}{\sum_{j=1}^{n} \tilde{w}_{ij}} \qquad (5-6)$$

二、针对环境规制强度对排污和总产量影响的实证模型设定

对于命题 H_8 的实证检验和第四章并没有存在不同，这里不再复述。回归模型的设定具体如下：

$$PL_{it}^{s} = \lambda_0 + \lambda_1 RG_{it}^{s} + Z_{it} \lambda_2 + \sigma_i^{s} + \xi_{it}^{s} \qquad (5-7)$$

其中，PL 表示污染排放量，RG 表示环境规制强度，Z 表示其他影响总产量的控制变量所组成的行向量。此外，$\lambda_0 \sim \lambda_1$ 为待估参数，λ_2 为待估参数组成的列向量；σ_i 为个体效应，ξ_{it} 为随机扰动项；上标 S 表示相应变量由二氧化硫相关数据计算得到。

同样的，对于命题 H_9 的实证检验和第四章也是相同的，这里不再复述。回归模型的设定具体如下：

$$GDP_{it} = \beta_0 + \beta_1 RG_{it}^{s} + Y_{it} \beta_2 + \upsilon_i^{s} + \omega_{it}^{s} \qquad (5-8)$$

其中，GDP 表示生产总值，RG 表示环境规制强度，Y 表示其他影响总产量的控制变量所组成的行向量。此外，$\beta_0 \sim \beta_1$ 为待估参数，β_2 为待估参数组成的列向量；υ_i 为个体效应，ω_{it} 为随机扰动项；上标 S 表示相应变量由二氧化硫相关数据计算得到。

三、针对财政分权对不同污染物的环境规制强度影响的检验策略与实证模型设定

(一) 检验策略

根据命题 H_{11}，财政分权对不同污染物的环境规制强度影响是有所区别的，那么可以通过对比变量的系数进行验证。然而在大多数情况下，由于变量的度量方法模型设定等原因，不同方程之间变量的系数是不可比的，而且即使变量的系数是不同的，也能证明两者在统计学上存在显著差异。为了检验这种差异，本文将根据计量经济学的相关理论 (Greene et al. ，2013)，首先将两个回归方程写作同样的形式，然后利用似不相关回归的方法，对系数差异的显著性进行 Wald 检验。具体地，首先，将式 (4 – 29) 扩展为空间计量模型，然后假定扩展后模型的随机扰动项和式 (5 – 4) 的随机扰动项存在相关关系，事实上两者都是环境规制的方程，虽然污染物有所不同，但是由于规制强度还会受到地方官员的个人偏好、污染物之间的相互关联等因素的影响，所以两者受到一些无法观测而且存在相关关系的因素影响是可以肯定的，因而这一假设是必然成立的；其次，由于随机扰动项是相关的，所以将两个回归模型视为一个系统进行回归；最后，构建 Wald 检验值，检测系统中两个参数是否存在差异。

(二) 似不相关回归模型

具体的，可将似不相关回归模型写成两个空间计量模型组成的方程系统，而且两个方程的随机扰动项存在相关关系，可以写作：

$$RG_{it}^{g} = \theta_0 + \theta_1 AH_{it} + \theta_2 FD_{it} + \theta_3 PC_{it} + \theta_4 PL_{it}^{g} + \theta_5 W \times PL_{it}^{g} + X_{it}\theta_6 + \mu_i^{g} + \varepsilon_{it}^{g}$$

$$(5 - 9A)$$

$$RG_{it}^{s} = \theta_0 + \theta_1 AH_{it} + \theta_2 FD_{it} + \theta_3 PC_{it} + \theta_4 PL_{it}^{s} + \theta_5 W \times PL_{it}^{s} + X_{it}\theta_6 + \mu_i^{s} + \varepsilon_{it}^{s}$$

$$(5 - 9B)$$

$$corr(\varepsilon_{it}^{g}, \varepsilon_{it}^{s}) \neq 0 \qquad (5 - 9C)$$

其中，$corr(\varepsilon_{it}^g, \varepsilon_{it}^s)$ 表示 ε_{it}^g 和 ε_{it}^s 的相关系数。只需要通过构造 *Wald* 检验值就可以检验在式（5 – 9A）中的 θ_2 是否等于在式（5 – 9B）中的 θ_2，为了方便这里将前者记为 θ_2^g，后者记为 θ_2^s。如果通过 *Wald* 检验得到 $\theta_2^g \neq \theta_2^s$，而且 $\theta_2^g > \theta_2^s$，则命题 H_{11} 成立；否则无法验证命题 H_{11}。

第三节　变量定义与样本说明

一、变量定义

本章中的变量定义仅有环境规制强度（RG）与环境污染水平（PL）存在差异，其余变量均与第四章中的变量定义一致，因而这里不再复述。其中，RG^s 表示地方政府执行的针对二氧化硫的环境规制强度，RG^g 表示地方政府执行的针对工业固体废物的环境规制强度，前者使用二氧化硫的处理率表征，后者则使用工业固体废物的综合利用率表征；PL^s 表示二氧化硫的排放量，PL^g 表示固体废物排放量。其余变量定义见第四章（见表 5 – 1）。

表 5 – 1　　　　　　　　　变量名称、含义及其计算方法

变量名称	变量符号	计算方法	单位
污染水平（固体）	PL^g	工业固体废物排放量	万吨
环境规制强度（固体）	RG^g	工业固体废物的综合利用率	%
污染水平（SO_2）	PL^s	二氧化硫排放量	万吨
环境规制强度（SO_2）	RG^s	二氧化硫处理率	%
居民表达对地方政府不满的比率	AH	每万人关于环境的信访数量	件/万人
财政分权	FD	地方政府财政收入与财政支出之比	—
居民消费水平	PC	居民人均消费使用 1997 年固定价格计算	万元/人
人均 GDP	$PGDP$	人均 GDP 使用 1997 年固定价格计算	元/人
资本存量	K	使用永续盘存法计算，使用 1997 年固定价格计算	万元
总人口	P	常住人口	万人
生产总值	GDP	使用 1997 年固定价格计算	万元

续表

变量名称	变量符号	计算方法	单位
相对技术水平	MA	将 1997 年的技术水平标准化为 1，使用 Malmquist 指数计算每一期的相对技术水平	—
劳动力	L	就业人口	万人
人力资本水平	HM	6 岁以上人口人均受教育年限	年/人
城市化水平	UR	非农人口占总人口比例	%
公路里程数	RO	地区二级及以上公路总里程数	万公里
外商直接投资	FDI	采用人民币兑美元的年度平均汇率计算得到了以人民币计价的外商投资，并利用固定投资价格指数折减，统一使用 1997 年价格计算	亿元
产业结构	SE	第二产业产值比重	%

二、样本选取、数据来源和变量的描述性统计

(一) 样本选取

出于同样的理由，本章进行实证研究时选取了我国内地除西藏以外的 30 个省份作为截面样本；并选取了 2004 ~ 2015 年作为时间序列样本；由此组成了 30 个省份 12 年的面板数据样本。

(二) 数据来源

二氧化硫排放量、二氧化硫处理率数据同样来源于历年《中国环境统计年鉴》；其余数据来源见第四章。具体各变量的描述性统计如表 5 - 2 所示。

表 5 - 2　　　　　　　　　各变量的描述性统计

变量名称	变量符号	样本量	平均值	标准差	最小值	最大值
污染水平（固体）	PL^g	360	7908.000	7557.000	112.000	45576.000
环境规制强度（固体）	RG^g	360	67.202	20.015	20.293	100.000
污染水平（SO_2）	PL^s	360	64.484	38.565	2.120	171.536
环境规制强度（SO_2）	RG^s	360	52.782	21.393	3.652	87.443
居民表达对地方政府不满的比率	AH	360	0.773	0.576	0.001	4.270

续表

变量名称	变量符号	样本量	平均值	标准差	最小值	最大值
财政分权	FD	360	0.520	0.194	0.148	0.951
人均消费	PC	360	0.863	0.531	0.220	3.332
人均GDP	$PGDP$	360	24022.630	14762.350	3845.559	81623.960
资本存量	K	360	8728.000	9124.000	2060.000	55718.000
总人口	P	360	4414.000	2652.000	5386.000	10849.000
生产总值	GDP	360	10593.450	9558.271	409.100	52853.110
相对技术水平	MA	360	1.052	0.282	0.478	2.085
劳动力	L	360	2368.000	1593.000	238.600	6636.000
人力资本水平	HM	360	8.639	0.986	6.378	12.340
城市化水平	UR	360	0.503	0.139	0.082	0.896
公路里程数	RO	360	12.080	7.091	0.780	31.560
外商直接投资	FDI	360	97.110	148.300	0.821	789.500
产业结构	SE	360	47.630	7.7880	19.740	61.500

第四节　模型参数估计方法

一、单一方程估计方法

由于式（5-7）和式（5-8）的设置与第四章的设置并没有区别，所以对于这两个回归模型，本章同样适用单一方程估计方法和系统估计方法进行参数估计。对于式（5-4），由于存在空间滞后的解释变量，因而存在"联立方程偏差"（simultaneity bias）。为此常用的单方程估计方法有以下几种：最大似然估计（MLE）（Ord，1975；Elhorst，2010）、准最大似然估计（QMLE）（Lee，2004；Yu et al.，2008）、空间两阶段最小二乘法（S2SLS）（Anselin，1988）、广义空间两阶段最小二乘法（GS2SLS）以及空间广义矩估计（SGMM）。最大似然估计（MLE）需要随机扰动项服从独立同分布（iid）与正态分布的假定；准最大似然估计（QMLE）虽然不需要这么严格的假定，但是仍然需要假定不存在异方差；空间两阶段最小二乘法（S2SLS）同样无法解决异方差的问题；

广义矩估计虽然能够解决异方差问题，但是其估计量却存在一定的偏误（Lee et al.，2014）。当然这种偏误较小，完全在可以接收的范围，不过 GMM 估计量忽略了空间参数的雅可比矩阵，从而导致估计量不再受参数空间的约束，因而最终的系数估计可能落在其参数空间之外（Elhorst，2014）；而广义空间两阶段最小二乘法（GS2SLS）不仅可以有效解决联络方程偏差，能够有效应对异方差带来的显著性检验问题，而且得到的参数估计结果完全在参数空间的范围之内，因而目前最为稳健有效的一致性参数估计方法是广义空间两阶段最小二乘法（GS2SLS），因此在对式（5-4）进行参数估计时，选用广义空间两阶段最小二乘法（GS2SLS）。对于式（5-7）和式（5-8），则依旧选择广义矩估计（GMM）。

二、系统估计方法

依然选用系统估计进行稳健性检验，不过由于在系统方程中包含了空间计量模型，而空间计量模型本身就是一个回归模型系统，所以传统的三阶段最小二乘法（3SLS）无法得到一致的回归结果。为了解决空间系统的联立问题，将式（5-4）、式（5-7）、式（5-8）看作一个空间联立方程组，因而采用广义空间三阶段最小二乘法（GS3SLS）进行参数估计。

三、似不相关检验方法

为了验证命题 H_{11}，需要检验式（5-9A）回归方程中的 θ_2^g 是否等于在式（5-9B）回归方程中的 θ_2^s，但是由于两个参数来源于两个不同的方程，标准差并不一致，无法通过简单 t 检验验证两者是否相等。但是如果方程系统中每个回归方程的随机扰动项相关，则可以建立随机扰动项的协方差矩阵进行参数估计，进而构建 Wald 检验值，对系统中两个不同方程的参数进行检验（Greene et al.，2013）。具体的，对方程组系统式（5-9A）和式（5-9B），第一步，使用内生变量对工具变量及其他外生变量作回归，并计算拟合值，其中根据空间计量理论的相关研究（Elhorst et al.，2010；Lee et al.，2010a，2010b）对空间联立造成的内生变量使用 2 阶空间滞后和 3 阶空间滞后作为工具变量；第二步，使用被解释变量对拟合值以及其他解释变量和控制变量进行广义最小二乘法估计；第三步，对第二步得到的结果进行似不相关估计，并构造 *Wald* 检验值进行 *Wald* 检验。

四、面板数据中个体效应的处理

与第四章相同，本章中所使用的实证数据样本同样是面板数据，为了得到一致的参数估计结果，同样采用离差形式消除固定效应，而后利用广义空间两阶段最小二乘法（GS2SLS）、广义空间三阶段最小二乘法（GS3SLS）、似不相关回归（SUR）对离差形式数据进行参数估计，从而得到一致性参数估计结果和检验结果。

第五节　实证结果与分析

一、单一方程参数估计结果与分析

（一）式（5-4）的估计结果与分析

表 5-3 给出了式（5-4）回归方程使用广义空间两阶段最小二乘法（GS2SLS）得到的参数估计结果。观察表 5-3 中式（5-4）考虑时间固定效应和不考虑时间固定效应的两种参数估计结果可以发现，首先，根据 *Kleibergen-Paap rk LM* 统计量及其 *P* 值可以确定在两种情况下都不存在工具变量不可识别的问题；其次，利用 *Kleibergen-Paap rk Wald F* 统计量与标准为 10% 的 *Stock-Yogo* 偏差临界值进行对比可以确定在两种情况下都不存在弱工具变量问题；最后，根据 *Hansen's J* 统计量可以确定在两种情况下都不存在工具变量过度识别的问题。因此，针对式（5-4）考虑时间固定效应和不考虑时间固定效应两种情况下工具变量设置都是有效的。此外，对比式（5-4）考虑时间固定效应和不考虑时间固定效应的两种参数估计结果可以发现，各个变量估计系数的符号完全相同，

显著性水平并未发生明显变化，由此可以说明模型的估计结果是稳健的。综上所述，可以证明使用广义矩估计得到的参数估计结果是可信的。

表 5 – 3   式（5 – 4）参数估计结果

GS2SLS 估计		
式（5 – 4）		
被解释变量	RG^S	RG^S
AH	0.118 ***	0.119 ***
	(5.986)	(4.703)
FD	− 0.175 ***	− 0.182 ***
	(− 3.121)	(− 2.922)
$\ln PL^S$	0.359 **	0.346 ***
	(2.913)	(2.894)
$w\ln PL^S$	0.028 **	0.027 **
	(2.499)	(2.550)
PC	0.106 **	0.092 **
	(2.127)	(2.029)
$\ln K$	− 0.011	− 0.005
	(− 0.549)	(− 0.351)
$\ln P$	0.148 *	0.191 *
	(1.792)	(1.836)
MA	0.039 **	0.032 **
	(2.214)	(2.176)
$cons$（常数项）	1.083 **	0.476 *
	(2.222)	(1.806)
Kleibergen-Paap rk LM（P 值）	12.052	13.765
	(0.007)	(0.003)
Kleibergen-Paap rk Wald F（Stock-Yogo bias critical value：10% ）	15.762	19.420
	(13.43)	(13.43)
Hansen's J（P 值）	0.855	1.136
	(0.652)	(0.567)
R^2	0.223	0.288
是否控制时间固定效应	否	是
样本数	360	360

注：*** 、** 和 * 分别表示在 1% 、5% 和 10% 的水平上显著；括号内为利用聚类稳健标准误计算得到 z 检验值。

接下来对命题 H_6 和命题 H_{10} 的检验结果进行说明分析。首先，在考虑时间固定效应和不考虑时间固定效应两种情况下，居民表达对地方政府不满比率（AH）的系数都在1%的置信水平上显著为正，由于在进行参数估计时控制了环境污染水平（PL）和居民消费水平（PC），所以可以认为居民选择"表达对地方政府不满"概率的影响能够代表污染水平在居民效用函数中权重的影响，这表明在其他条件不变的情况下，污染水平在居民效用函数中权重越大，地方政府所采用最优环境规制强度就越大，即命题 H_6 成立；其次，在考虑时间固定效应和不考虑时间固定效应两种情况下财政自给率（FD）的系数均为正，而且都在1%的置信水平上显著，这表明在其他条件不变的情况下，地方政府的财政自给率水平越高，地方政府所采用最优环境规制强度就越小，即命题 H_{10} 成立。由此可以证明在使用具有空间外溢性污染物做数据样本进行实证研究时，命题 H_6 和命题 H_{10} 依然成立。

（二）式（5－7）回归模型的估计结果与分析

表5－4给出了式（5－7）使用广义矩估计得到的参数估计结果。由于在进行广义矩估计时，选用了滞后一期的环境规制强度（RG^S）作为工具变量，所以牺牲了一期的观测值，导致样本量变为330。观察表5－4中式（5－7）考虑时间固定效应和不考虑时间固定效应的两种参数估计结果可以发现，首先，根据 *Kleibergen-Paap rk LM* 统计量及其 *P* 值可以确定在两种情况下都不存在工具变量不可识别的问题；其次，利用 *Kleibergen-Paap rk Wald F* 统计量与标准为10%的 *Stock-Yogo* 偏差临界值进行对比可以确定在两种情况下都不存在弱工具变量问题；最后，根据 *Hansen's J* 统计量可以确定在两种情况下都不存在工具变量过度识别的问题。因此，针对式（5－7）考虑时间固定效应和不考虑时间固定效应两种情况下工具变量设置都是有效的。此外，对比式（5－7）考虑时间固定效应和不考虑时间固定效应的两种参数估计结果可以发现，各个变量估计系数的符号完全相同，显著性水平并未发生明显变化，由此可以说明模型的估计结果是稳健的。综上所述，可以证明使用广义矩估计得到的参数估计结果是可信的。

表 5 - 4 式（5 - 7）参数估计结果

	GMM 估计	
	式（5 - 7）	
被解释变量	$\ln PL^S$	$\ln PL^S$
RG^S	- 1. 198 *** (- 2. 749)	- 2. 088 *** (- 2. 923)
$\ln PGDP$	0. 403 ** (2. 117)	0. 269 ** (2. 260)
$\ln^2 PGDP$	- 0. 087 *** (- 2. 717)	- 0. 084 *** (- 2. 628)
$\ln K$	0. 210 ** (2. 031)	0. 356 ** (2. 469)
UR	- 0. 108 (- 0. 673)	- 0. 279 (0. 289)
FDI	0. 000 (1. 003)	0. 000 (1. 517)
HM	0. 053 (1. 002)	0. 170 (1. 202)
SE	0. 004 (1. 018)	0. 001 (1. 045)
Kleibergen-Paap rk LM （P 值）	21. 891 (0. 000)	22. 479 (0. 000)
Kleibergen-Paap rk Wald F （Stock-Yogo bias critical value：10% ）	106. 631 (19. 93)	93. 243 (19. 93)
Hansen's J （P 值）	0. 170 (0. 680)	0. 01 (0. 982)
R^2	0. 621	0. 646
是否控制时间固定效应	否	是
样本数	330	330

注：***、** 和 * 分别表示在1%、5%和10%的水平上显著；括号内为利用聚类稳健标准误计算得到 z 检验值。该参数估计结果由 stata14 命令 xtivreg2 实现，在使用固定效应时该命令不汇报常数项。

接下来，将对命题 H$_8$ 的检验结果进行说明分析。在考虑时间固定效应和不考虑时间固定效应两种情况下，环境规制强度（RG^S）的系数都在 1% 的置信水平上显著为负，由此可以证明在使用具有空间外溢性污染物做数据样本进行实证研究时，命题 H_8 依然成立。

（三）式（5－8）回归模型的估计结果与分析

表 5－5 给出了式（5－8）使用广义矩估计得到的参数估计结果。由于在进行广义矩估计时，选用了滞后一期的环境规制强度（RG）作为工具变量，所以牺牲了一期的观测值，导致样本量变为 330。观察表 5－5 式（5－8）考虑时间固定效应和不考虑时间固定效应的两种参数估计结果可以发现，首先，根据 *Kleibergen-Paap rk LM* 统计量及其 *P* 值可以确定在两种情况下都不存在工具变量不可识别的问题；其次，利用 *Kleibergen-Paap rk Wald F* 统计量与标准为 10% 的 *Stock-Yogo* 偏差临界值进行对比，可以确定在两种情况下都不存在弱工具变量问题；最后，根据 *Hansen's J* 统计量可以确定在两种情况下都不存在工具变量过度识别的问题。因此，针对式（5－8）考虑时间固定效应和不考虑时间固定效应的两种情况下工具变量设置都是有效的。此外，对比式（5－8）考虑时间固定效应和不考虑时间固定效应的两种参数估计结果可以发现，各个变量估计系数的符号完全相同，显著性水平并未发生明显变化，由此可以说明模型的估计结果是稳健的。综上所述，可以证明使用广义矩估计得到的参数估计结果是可信的。

表 5－5　　　　　　　　　　式（5－8）参数估计结果

GMM 估计		
式（5－8）		
被解释变量	ln*GDP*	ln*GDP*
RG^S	-0.019^{***} (4.118)	-0.043^{***} (5.431)
ln*K*	0.554^{***} (8.937)	0.465^{***} (6.501)
ln*P*	0.860^{***} (7.153)	0.608^{***} (2.846)
MA	0.018^{**} (2.081)	0.003^{**} (2.058)

	GMM 估计	
	式（5 - 8）	
被解释变量	lnGDP	lnGDP
HM	0.045**	0.075**
	(2.202)	(3.715)
UR	0.039	0.036
	(1.262)	(1.082)
RO	0.010***	0.009***
	(6.7345)	(5.581)
Kleibergen-Paap rk LM	22.328	22.401
（P 值）	(0.000)	(0.043)
Kleibergen-Paap rk Wald F	129.424	98.614
（Stock-Yogo bias critical value：10%）	(19.93)	(19.93)
Hansen's J	1.473	1.508
（P 值）	(0.225)	(0.219)
R^2	0.988	0.994
是否控制时间固定效应	否	是
样本数	330	330

注：*** 、** 和 * 分别表示在 1%、5% 和 10% 的水平上显著；括号内为利用聚类稳健标准误计算得到的 z 检验值。该参数估计结果由 stata14 命令 xtivreg2 实现，在使用固定效应时该命令不汇报常数项。

接下来，将对命题 H_9 的检验结果进行说明分析。在考虑时间固定效应和不考虑时间固定效应两种情况下，环境规制强度（RG^S）的系数都在 1% 的置信水平上显著为负，由此可以证明在使用具有空间外溢性污染物做数据样本进行实证研究时，命题 H_9 依然成立。

二、空间联立方程组参数估计结果——稳健性检验

表 5 - 6 给出了使用广义空间三阶段最小二乘法（GS3SLS）得到的联立方程组参数估计结果。首先，对比不考虑时间固定效应和考虑时间固定效应的情况，相同方程的参数估计结果符号完全相同，而且显著性水平相差不大，由此可以判断参数估计结果是稳健的；其次，对比三阶段最小二乘法和广义矩估计

得到的参数估计结果可以发现，使用不同的估计方法以及是否考虑时间固定效应对主要变量的参数估计结果影响不大：每种情况下主要变量的参数估计结果符号完全相同，显著性水平没有发生变化，也没有发生根本性变化，控制变量的符号也完全相同，只有个别变量的显著性水平存在差异。综上所述，可以认为本章所设立的计量模型是有效的，由此得到的参数估计结果是稳健可信的。对比表 5 - 6 和表 4 - 6 可以看出，使用二氧化硫作为污染物进行实证研究得到的结果，与使用工业固体废物作为污染物进行实证研究得到的结论是一致的。综上所述，可以确定，使用具有空间外溢性污染物做数据样本进行实证研究，与使用不具有空间外溢性污染物做数据样本进行实证研究所得到结果是一致的。

表 5 - 6　　　　　　　　　　　联立方程组参数估计结果

被解释变量	GS3SLS 估计					
	式 (5 - 4)	式 (5 - 7)	式 (5 - 8)	式 (5 - 4)	式 (5 - 7)	式 (5 - 8)
	RG^S	$\ln PL^S$	$\ln GDP$	RG^S	$\ln PL^S$	$\ln GDP$
RG^S		- 0.880 *** (-6.912)	- 0.314 *** (-3.093)		- 0.886 *** (-3.190)	- 0.288 *** (-4.965)
AH	0.001 *** (2.948)			0.003 *** (3.184)		
FD	- 0.401 *** (-3.001)			- 0.420 *** (-3.024)		
$\ln PL^S$	1.314 * (1.865)			1.024 * (1.926)		
$w\ln PL^S$	0.001 * (1.785)			0.002 * (1.883)		
PC	- 0.085 ** (-2.353)			- 0.074 *** (-5.567)		
$\ln PGDP$		0.025 * (1.916)			0.022 ** (1.990)	
$\ln^2 PGDP$		- 0.004 ** (-2.436)			- 0.004 *** (-3.138)	
$\ln K$	- 0.022 (-1.082)	0.024 *** (3.460)	0.516 *** (8.690)	- 0.058 (-1.358)	0.038 ** (2.474)	0.371 *** (8.306)

被解释变量	GS3SLS 估计					
	式 (5-4)	式 (5-7)	式 (5-8)	式 (5-4)	式 (5-7)	式 (5-8)
	RG^S	$\ln PL^S$	$\ln GDP$	RG^S	$\ln PL^S$	$\ln GDP$
$\ln P$	0.159 ** (2.353)		0.860 *** (9.742)	0.083 ** (2.515)		0.431 *** (6.921)
MA	0.117 *** (4.581)		0.003 ** (2.232)	0.079 *** (4.726)		0.014 ** (1.978)
HM		0.012 (0.765)	0.071 *** (3.498)		0.114 * (1.687)	0.047 *** (3.546)
UR		-0.048 (-0.517)	0.041 (0.622)		-0.081 (-0.435)	0.011 (0.289)
RO			0.010 *** (6.697)			0.003 *** (2.785)
FDI		0.001 * (1.687)			0.000 * (1.905)	
SE		0.001 *** (3.142)			0.002 ** (2.436)	
$cons$ (常数项)	1.633 *** (5.356)	10.476 *** (3.806)	-2.834 *** (-4.647)	-0.047 (-0.449)	11.539 ** (2.809)	2.135 *** (3.495)
R^2	0.245	0.954	0.996	0.551	0.956	0.997
是否控制时间固定效应	否	否	否	是	是	是
样本数	360	360	360	360	360	360

注：***、** 和 * 分别表示在 1%、5% 和 10% 的水平上显著；括号内为利用稳健标准误计算得到 z 检验值。

三、似不相关 Wald 检验结果

由于考虑了时间固定效应的模型更加符合现实而且解释力度更强，因而在这一部分似不相关回归的两个回归模型中都考虑了时间固定效用。表 5-7 给出了方程系统中式（5-9A）和式（5-9B）的第二阶段广义最小二乘法估计结果；表 5-8 则给出了似不相关回归的检验结果。

表5-7 式（5-9A）和（5-9B）参数估计结果

GS2SLS 估计			
式（5-49A）		式（5-49B）	
被解释变量	RG^g	被解释变量	RG^S
AH	0.106 *** (5.436)	AH	0.119 *** (4.503)
FD	-0.214 *** (-3.001)	FD	-0.182 *** (-3.002)
$\ln PL^g$	0.046 *** (2.861)	$\ln PL^S$	0.346 *** (2.794)
$w\ln PL^g$	-0.001 (0.550)	$w\ln PL^S$	0.027 ** (2.250)
PC	-0.129 ** (-2.032)	PC	0.092 ** (2.229)
$\ln K$	-0.012 (-1.441)	$\ln K$	-0.005 (-0.451)
$\ln P$	0.081 ** (1.988)	$\ln P$	0.191 * (1.736)
MA	0.080 *** (3.086)	MA	0.032 ** (2.376)
cons （常数项）	-0.257 (0.806)	cons （常数项）	0.476 (1.306)
Kleibergen-Paap rk LM （P值）	5.112 (0.078)	Kleibergen-Paap rk LM （P值）	13.765 (0.003)
Kleibergen-Paap rk Wald F （Stock-Yogo bias critical value：10%）	14.145 (13.43)	Kleibergen-Paap rk Wald F （Stock-Yogo bias critical value：10%）	19.420 (13.43)
Hansen's J （P值）	0.778 (0.378)	Hansen's J （P值）	1.136 (0.567)
R^2	0.420	R^2	0.288
是否控制时间固定效应	是	是否控制时间固定效应	是
样本数	360	样本数	360

注：*** 、** 和 * 分别表示在1%、5%和10%的水平上显著；为进行下一步的似不相关回归，括号内为利用稳健标准误计算得到的z检验值，而非聚类稳健标准误，所以计算得到z检验值与前文有所区别。

根据表 5 – 8 中的 Wald 检验结果可知，应该拒绝式（5 – 9A）中 FD 的系数与式（5 – 9B）中 FD 的系数相等的概率假设，因而可以确定（5 – 9A）中 FD 的系数与式（5 – 9B）中 FD 的系数不相等，因此在其他条件不变的情况下，地方政府对具有空间外溢性的污染物所执行的环境规制强度受到当地财政分权水平的负向影响，比不具有空间外溢性的污染物更小，即命题 H_{11} 成立。

表 5 – 8　　　　　　　　　　　命题 H_{11} 的检验结果

Wald 检验原假设	χ^2 值	P 值
具有空间外溢性的污染物样本中当地财政分权水平的系数等于不具有空间外溢性的污染物样本中当地财政分权水平的系数	11. 16	0. 001

第六章　市级政府对非空间外溢污染物的规制选择

本章对基本理论框架进行扩展，扩大考虑财政分权的层次数量，不再把地方政府局限于省级行政单位，而是进一步将省级行政单位的下一级行政单位——地级市纳入整个财政分权的体系之中，并挖掘"省—市"层面的"委托—代理"关系。同第三、第四章相同，本章仅探讨不具有空间外溢性的城市环境问题。同样的，为了理论研究的简洁性，在进行理论分析时仅适用拉姆齐—卡斯—库普曼模型框架，当然利用 AK 内生增长模型并不影响理论研究的结论。

第一节　城市环境问题的理论框架

虽然本章额外考虑了地级市政府的决策及其影响，但是所涉及的省政府最优决策、生产部门甚至是居民的决策都没有发生根本性变化，实质上本章基本延续了拉姆齐—卡斯—库普曼模型框架中省政府、生产部门、消费部门的函数设置。具体而言，在生产部门的生产函数和非期望产出、消费部门的效用函数和不满函数、省政府的效用函数以及中央政府的效用函数设置都是完全相同的。不过由于增加考虑了地级市政府，因而直接进行环境规制决策的角色由"省级"政府变为了市级政府，由于省级政府不再直接制定和执行环境规制，所以"省级"政府会如同中央政府对自身（"省级"政府）进行激励与监督一样，对"地级市级"政府进行激励与监督，以实现自身效用水平的最大化。如同其他的"委托—代理"关系那样，代理方的目标函数有时并不会完全复制委托人的目标函数，因此对于委托方，其最主要的目的在于设置好激励与监督的双重机制，尽量减少地级市政府目标函数与省政府目标函数发生的偏移，尽量使地方政府的目标函数与自身保持一致。那么"省级"政府如何选择激励与监督机制，地级市政府又如何设置自身的目标函数，而这又如何影响环境效果呢？为了解决这些问题，本章依旧使用第三章所使用的序列博弈思想，只是增加了"地级市政府"主体，而其他市场主体的目标函数、生产函数等依然承袭第三章的设置。

一、生产部门决策

本章并不考虑环境污染的空间外溢问题，因此生产部门的生产函数以及非期望产出完全与第三章的设置相同，即生产函数和污染排放函数同样使用式（3－5）和式（3－6）表达。对于生产部门，其利润函数依然可以使用式（4－1）表示，而其决策的过程依然是利润最大化的过程，因此式（4－2）~式（4－4）依然是生产部门利润最大化的一阶条件。不仅如此，根据式（4－5），本章依然需要避免"遵循成本"现象的假设条件 $\varepsilon_2 < a < \varepsilon_1$ 是成立的。

二、消费部门决策

与生产部门相一致，居民的效用函数并未发生改变，更小级别地区（地级市）政府依然无法改变环境质量，因此环境质量水平对居民依然属于外生变量，居民在进行最优化决策时依然只能局限于对消费路径的选择，污染物表达式的变化不会影响最优化的求解，因此居民的最优消费路径依然可以用式（4－7）表示。

此外，居民"表达对地方政府不满"的函数同样延续第三章的设置方式，其具体形式同样由式（4－8）给出。

三、"省级"政府的目标选择

虽然本章在政府的层级中都考虑了地级市政府的影响，但是这并没有改变"省级"政府官员的效用函数。其原因在于，中央政府的目标函数并未改变，中央政府直接对"省级"政府官员进行考核监督，在考核监督的策略不发生改变的条件下，"省级"政府官员的效用函数不会发生改变。因而，"省级"政府官员的目标函数依然延续第三章的设置——在尽量减少"居民表达对地方政府不满"的条件下尽可能地提高经济增长率。

"省级"政府因此会要求其下辖地区的政府，尽可能地减少"居民表达对地方政府不满"的数量，并尽可能地拉动经济增长。对于"省级"政府官员，其最优策略当然是使每个地级市政府完全复制自身的效用函数，但是由于其下辖地区之间存在差异，而且自身与地级市之间存在信息的不对称，所以地级市政府不可能完全复制"省级"政府的决策。因而学习中央政府的策略，使地级市政府具有一定的能动性是一个近似最优选择。不过，由于相同的原因（地区差异和信息不对称），各个地级市政府根据自身效用水平得到的结果对于"省级"政府官员有可能并非是最优的，一方面有可能出现各个地区"居民表达对地方政府不满"的数量之和超出自身最优效用水平过多的情形；另一方面有可能出现本省份的经济增长低于其自身最优效用水平过多的情形，当然也有可能出现相反的情况。

"省级"政府官员必须避免这种不确定性的出现，因为一旦"居民表达对地方政府不满"的数量过多，自身将面临中央政府的惩罚。对于"省级"政府官员，"居民表达对地方政府不满"的来源并不重要，重要的是其辖区内"居民表达对地方政府不满"的数量，因为影响其效用水平的是其辖区内"居民表达对地方政府不满"的总量，而这些"居民表达对地方政府不满"的分布并不会影响其效用水平。为此，"省级"政府官员可以根据自身的目标函数，针对每个地级市设置一个具体的"居民表达对地方政府不满"数量要求。之所以会选择"居民表达对地方政府不满"数量的要求，其原因在于居民表达对地级市政府不满时，其首先选择的对象往往是"省级"政府，所以"省级"政府可以很好地监测"居民表达对地方政府不满"数量的指标；而由于每个地区的情况不同和信息的不对称，所以"省级"政府官员无法判断其辖区内每个地级市的最优经济增长率。

综上所述，"省级"政府官员可以根据自身效用水平最大化的目标函数，给每个地级市一个"居民表达对地方政府不满"数量的硬性指标，并要求地级市政府官员在保证当地"居民表达对地方政府不满"数量在小于该指标的条件下尽可能地提高经济增长率，并以此作为提拔官员的标准。

此外，"省级"政府官员对于"居民表达对地方政府不满"的来源并不关心，根据其效用函数（见第三章），"省级"政府官员只在乎其管辖范围内"居民表达对地方政府不满"的总量，"居民表达对地方政府不满"分布的不均衡并不会影响其效用水平。因此，在地区之间存在差异的情况下，即使"省级"政府官员对某一地区设置的指标过高，使该地区出现了相对过多的"居民表达对地方政府不满"，"省级"政府官员也没有改进的动力。这也使上文所述的"省级"政府官员对于地级市政府官员的考核机制成为可能。

四、地级市政府官员的效用函数

在确定了"省级"政府考核机制的条件下，还需要确定地级市政府官员进行效用水平最大化选择所面临的时期选择问题。与第三章的讨论一致，每一时期的地级市政府官员无法改变上一期的经济水平，因而只能人为地追求当期的效用水平最大化。因而，地级市政府官员的效用函数具体设置如下：

$$U_{G_c}(Y(t)) = g(Y(t)) \qquad (6-1)$$

其中，Y 表示当地（地级市）的生产总值，下标 G_c 表示地级市政府。进一步地，可以将生产总值 Y 的函数写为如下形式：

$$Y = f(N, X)$$
$$\text{s. t } N(t) \leqslant \overline{N}(t) \qquad (6-2)$$

其中，$\overline{N}$ 表示"省级"政府给定地级市政府"居民表达对地方政府不满"数量的硬性指标，X 表示其他影响生产总值的变量组成的向量集，这里假设地方政府无法改变 X；其他字母含义则与式（3-1）字母含义相同。

同样地，对于式（6-1）其一阶导函数和二阶导函数还需要满足以下条件：$g' > 0$、$g'' < 0$。其中，一阶条件表示，对于地级市政府官员，本地区的生产总值（GDP）越高，在其他条件不变的条件下，晋升的概率就越大，所以效用水平越高；二阶条件则表示，对于地方政府官员，生产总值（GDP）的边际效用是递减的。这种设置的原因与第三章相同，这里不再复述。对于式（6-2），其一阶导函数和二阶导函数还需要满足以下条件：

$$f'_N(N,X) > 0, f''_N(N,X) < 0$$

其中，一阶条件表示，当地居民表达不满的数量越多，地区生产总值越高，其原因在于环境规制强度越低，当地居民表达不满的数量就越多，但是经济总量就越高；二阶条件表示这种通过提高居民表达不满数量的方式提高经济总量存在边际递减的现象，其原因在于降低环境规制提高经济总量的效果会越来越弱。

五、地级市政府官员决策

据式（6-2）的一阶条件可以知道，地级市的生产总值是当地"居民表达对地方政府不满"数量的增函数。因而对于地级市政府官员，其效用最大化的解是式（6-2）给定限制条件的角点解，即地级市政府在进行效用水平最大化时必然会选择当地"居民表达对地方政府不满"数量和"省级"政府设置的硬性指标相等的条件：$N(t) = \bar{N}(t)$。

由此可以确定地级市政府官员取得最大化效用函数条件为：$\bar{Y} = f(\bar{N}, X)$。将其代入式（6-1）可得地级市政府官员的最大化效用为：

$$U_{G_c} = g(\bar{Y}_{N(t)=\bar{N}(t)}(t))$$

显然地，地级市政府官员只要根据"省级"政府设定的"居民表达对地方政府不满"指标制定相应的环境规制即可。由式（4-10）给出的"居民表达对地方政府不满"数量函数的设定，可以得到地级市政府能够实现效用水平最大化的条件为：

$$N(t) = \Omega(u(t))e^{nt}L_0 = \bar{N}(t) \tag{6-3}$$

将式（4-8）代入可得：

$$\frac{c}{P^{\eta_1}}e^{nt}L_0 = \bar{N}(t) \tag{6-4}$$

由此可以得到地级市政府的最优污染水平（等同于环境质量）为：

$$P^* = \left(\frac{\bar{N}(t)}{e^{nt}L_0 c}\right)^{\frac{1}{\eta_1}} \tag{6-5}$$

与前文一致，地级市政府的官员无法左右其他因素，只能通过制定和执行一个环境规制强度来影响生产部门用于生产的资本比例，即 α。

联立式（3-6）和式（6-5）就可以得到地级市政府官员所希望的生产部门用于生产的资本比例，即对于地级市政府官员最优的 α^* 由以下等式确定：

$$\frac{\alpha^{*\,\varepsilon_1}}{\left(1-\alpha^*\right)^{\varepsilon_2}} = \left(\frac{\overline{N}}{e^{nt}L_0 c}\right)^{\frac{1}{\eta_1}} K^{\varepsilon_2-\varepsilon_1} \qquad (6-6)$$

对式（6-6）两边取对数，并对 N 求偏导可得：

$$\frac{\partial\alpha^*}{\partial N} = \left[\left(\frac{\varepsilon_1}{\alpha}+\frac{\varepsilon_2}{1-\alpha}\right)\eta_1\overline{N}\right]^{-1} \qquad (6-7)$$

显然地，式（6-7）永远大于 0（证明见附录 10）。由此得到第十二个命题：

H_{12}：在其他条件不变的情况下，对于地级市政府官员最优的生产部门用于生产的资本比例 α^* 是"省级"政府给定的"居民表达对地方政府不满"数量硬性指标的增函数。

对于命题 H_{12}，当"省级"政府给定的"居民表达对地方政府不满"数量的硬性指标越多，地级市政府官员希望生产部门用于生产的资本比例就越高，地级市政府官员希望生产部门用于减排的资本比例就越低。其原因在于，当地级市政府被允许出现较多的"居民表达对地方政府不满"时，当地的政府就可以充分"利用"更宽松的条件，允许排放更多的污染物以提升经济。

进一步地，由于生产部门是根据环境规制强度 τ 来确定 α 的，因此可以认为生产部门对于 α 的选择是关于地级市政府制定环境规制强度 τ 的反应函数，与第三章的求解思路一致，这里将式（6-6）代入式（4-4）可以得到地方政府最优的环境规制强度 τ^*：

$$\tau^* = \frac{\left(1-\alpha^*\right)}{\varepsilon_2\alpha^{*\,1-a}+\varepsilon_1\left(1-\alpha^*\right)\alpha^{*\,-a}} \times \frac{K^a\left(AL\right)^{1-a}}{a^{-1}} \times \left(\frac{\overline{N}}{e^{nt}L_0 c}\right)^{-\frac{1}{\eta_1}} \quad (6-8)$$

通过隐函数求导的方式还可以得到：

$$\frac{\partial\tau^*}{\partial\alpha^*} = \frac{K^a\left(AL\right)^{1-a}}{a^{-1}}\left(\frac{\overline{N}}{e^{nt}L_0 c}\right)^{-\frac{1}{\eta_1}}\frac{\left[\varepsilon_1\alpha^{*\,a-2}\left(a-1\right)\left(\alpha^*-1\right)^2-\varepsilon_2\alpha^{*\,a-2}\left(\alpha^*a+1-a\right)\right]}{\left(\varepsilon_2+\varepsilon_1-\varepsilon_1\alpha^*\right)^2}$$

$$(6-9)$$

显然地，式（6-9）永远小于0（证明见附录11）。由此得到第十三个命题：

H_{13}：在其他条件不变的情况下，这表明地级市政府最优的环境规制强度是其希望生产部门用于生产的资本比例的减函数。

对于命题 H_{13}，当地级市政府希望生产部门用于生产的资本比例越多，就会尽量降低设置的环境规制强度；当地级市政府希望生产部门用于生产的资本比例越少，就会尽量提高设置的环境规制强度。这一结论与第四章中式（4-16）完全相同。不过，在第四章中这一结论的成立需要假设不存在"遵循成本"现象，而本章中不再需要这一假设就可以得到这一结论，也就是说，在"省级"政府对地级市政府官员的晋升考核采用 GDP 增长率而且给定居民"居民表达对地方政府不满"指标的条件下，地级市政府可以完全根据自身的目标设定环境规制强度而不用考虑生产部门的生产函数。

进一步地，将关注"省级"政府给定的"居民表达对地方政府不满"数量的硬性指标，对地级市政府制定和执行环境规制强度的影响。利用式（6-7）两边同时对 N 求偏导，并将式（6-7）和式（6-9）代入得到：

$$\frac{\partial \tau^*}{\partial \overline{N}} = -\frac{1}{\eta_1} \times \frac{K^a (AL)^{1-a}}{a^{-1}} (e^{nt} L_0 c)^{\frac{1}{\eta_1}} \frac{\varepsilon_2 \alpha^{*1-a} + \varepsilon_1 (1-\alpha^*) \alpha^{*-a}}{1-\alpha^*} \overline{N}^{-\frac{1}{\eta_1}-1} +$$

$$\frac{K^a (AL)^{1-a}}{a^{-1}} \left(\frac{\overline{N}}{e^{nt} L_0 c}\right)^{-\frac{1}{\eta_1}} \frac{[\varepsilon_1 \alpha^{*a-2} (a-1)(\alpha^*-1)^2 - \varepsilon_2 \alpha^{*a-2} (\alpha^* a + 1 - a)]}{(\varepsilon_2 + \varepsilon_1 - \varepsilon_1 \alpha^*)^2}$$

$$\left[\left(\frac{\varepsilon_1}{\alpha} + \frac{\varepsilon_2}{1-\alpha}\right)\eta_1 \overline{N}\right]^{-1} \tag{6-10}$$

可以证明式（6-10）永远小于0（证明见附录12）。由此得到本文第十四个命题：

H_{14}：在其他条件不变的情况下，地级市政府最优的环境规制强度是"省级"政府给定的"居民表达对地方政府不满"数量硬性指标的减函数。

对于命题 H_{14}，当"省级"政府给定的"居民表达对地方政府不满"数量的硬性指标越多，地级市政府官员制定和执行环境规制强度就越低；当"省级"政府给定的"居民表达对地方政府不满"数量的硬性指标越少，地级市政府官员制定和执行环境规制强度就越高。

此外，对式（6-8）两边同时取对数，并对 η_1 求偏导可以得到：

$$\frac{\partial \tau^*}{\partial \eta_1} = \tau^* \eta_1^{-2} \ln\left(\frac{\overline{N}}{e^{nt}L_0 c}\right) \qquad (6-11)$$

显然地，式（6-11）永远大于0，这一结果与第四章中式（4-16A）的结果相同，于是可以得到与命题 H_6 相一致的结论：在其他条件不变的情况下，地方政府执行的环境规制强度是污染水平在居民效用函数中权重的增函数。

对于这一结论，污染水平在居民效用函数中权重越大，则污染问题对于居民效用水平的影响就越大，因而居民因为污染问题而对地级市政府的环境规制不满，从而居民"表达对地方政府不满"的数量就会越多，那么地级市政府为了减少居民"表达对地方政府不满"的数量使其与"省级"政府给定的指标相一致，就会执行更高的环境强度以提高居民的效用水平，从而减少"居民表达对地方政府不满"的数量；反之亦然。

与第四章的理论模型结果有所差异的是在式（6-8）中，地级市政府制定和执行的最优环境规制强度并没有受到类似于第四章中变量 η_2 的影响。事实上，在第四章中该变量表示上访数量在"省级"政府效用函数中的权重，而在本章中地级市政府并没有这样一个权重。其原因在于，在地级市政府官员的效用函数中，只包含了经济总量，并没有"居民表达对地方政府不满"的变量。对于地级市政府官员，只需要追求经济增长，而"居民表达对地方政府不满"对其而言只是一个限制条件，只要将"居民表达对地方政府不满"的数量控制在"省级"政府的要求范围内即可。

六、地级市"居民表达对地方政府不满"数量指标的确定

根据以上得到的理论命题 H_{12} ~ 命题 H_{14}，可以知道"省级"政府对地级市政府设定的"居民表达对地方政府不满"数量指标，对于地级市政府对环境规制强度的选择起到了至关重要的作用，那么"省级"政府如何给每个地级市政府设定相应的指标呢？

如前所述，"省级"政府官员只在乎其管辖范围内"居民表达对地方政府不满"的总量，"居民表达对地方政府不满"分布的不均衡并不会影响其效用

水平，所以"省级"政府官员只需要根据自身效用水平最大化的条件得到其
管辖范围内"居民表达对地方政府不满"的总量，然后通过某种方式分给下
辖的各个地级市即可。因而问题的关键变为"省级"政府如何确定其效用水
平最大化条件下的"居民表达对地方政府不满"总量。

"省级"政府效用水平最大化条件下的"居民表达对地方政府不满"总量
完全可以利用第四章的思路进行求解。对于"省级"政府官员而言，由于信
息不对称的存在，其辖区内每个城市的具体情况是无法完全了解的，但是对于
本辖区内的总体情况是可以确定的，对于其管辖范围内总体的生产函数、非期
望产出函数、居民效用函数、居民选择"表达对地方政府不满"的函数等一
系列的条件都是可知。那么"省级"政府官员就可以根据这些条件确定最优
的"居民表达对地方政府不满"总量。

根据第四章的求解思路，"省级"政府官员为了实现自身效用水平最大
化，希望全省的生产部门整体上用于生产的资本比例可以由式（4-14）确
定。具体如下：

$$\alpha_G^* = \frac{a - \eta_1\eta_2\varepsilon_1}{a - \eta_1\eta_2\varepsilon_1 + \eta_1\eta_2\varepsilon_2} \tag{6-12}$$

其中，α_G^* 是"省级"政府官员为了实现自身效用水平最大化，希望全省的生
产部门整体上用于生产的资本比例，其他字母含义则与式（4-14）中字母含
义相同。当然，如前文所述，"省级"政府无法确保各个地级市政府官员能够
完全复制这样的 α_G^*，但是"省级"政府可以根据这个 α_G^* 确定使得自身效用
水平最大化的"居民表达对地方政府不满"总量。

将 α_G^* 代入式（3-6）可以得到，对于"省级"政府官员，其辖区内最优
的污染物排放水平：

$$P^* = \frac{(\alpha_G^* K_G)^{\varepsilon_1}}{[(1 - \alpha_G^*)K_G]^{\varepsilon_2}} \tag{6-13}$$

其中，P^* 表示对于"省级"政府官员，其辖区内最优的污染物排放水平；K_G
表示其辖区内的总体资本存量；其他字母含义则与式（3-6）中字母含义
相同。

由式（3-7）、式（4-8）、式（4-10）、式（6-13）可得，对于"省

级"政府官员，其辖区内最优的"居民表达对地方政府不满"数量可以表示为：

$$\overline{N}_G = \frac{c_G}{P^{*\eta_1}} e^{nt} L_0 \qquad (6-14)$$

其中，$\overline{N}_G$ 表示对于"省级"政府官员，其辖区内最优的"居民表达对地方政府不满"总量；c_G 表示省域范围内居民的人均消费；其他字母含义则与式（4-10）中字母含义相同。

将式（6-12）、式（6-13）代入式（6-14）可得：

$$\overline{N}_G = c_G e^{nt} L_0 K_G^{-\eta_1(\varepsilon_1-\varepsilon_2)} \left(\frac{a - \eta_1\eta_2\varepsilon_1}{a - \eta_1\eta_2\varepsilon_1 + \eta_1\eta_2\varepsilon_2} \right)^{-\eta_1\varepsilon_1} \left(1 - \frac{a - \eta_1\eta_2\varepsilon_1}{a - \eta_1\eta_2\varepsilon_1 + \eta_1\eta_2\varepsilon_2} \right)^{-\eta_1\varepsilon_2}$$

$$(6-15)$$

如前所述，居民表达对地级市政府不满时，其首先选择的对象往往是"省级"政府，所以"省级"政府可以很好地监测"居民表达对地方政府不满"数量的指标。此外，如前文所述，"省级"政府官员并不需要考虑"居民表达对地方政府不满"的分布情况，因此"省级"政府官员只要根据以下规则对辖区内各个地级市制定"居民表达对地方政府不满"数量的硬性指标即可实现自身效用水平的最大化。这一规则可以表述为各个地级市政府"居民表达对地方政府不满"数量的硬性指标之和等于 $\overline{N}_G$，可以用以下公式进行表达：

$$\overline{N}_G = \sum_i^n \overline{N}_i \qquad (6-16)$$

其中，下标 i 表示其辖区内的第 i 个地级市，n 表示其辖区内一共有 n 个地级市。具体的分配方案由"省级"政府决定，既可以使用极端方案将所有的"居民表达对地方政府不满"总量分配给其辖区内的一个地级市；也可以使用平均方案将"省级"政府得到的"居民表达对地方政府不满"总量平均分给其辖区内的每一个地级市；当然也可以介于两者之间。但是无论如何，每个地级市得到的指标都受到其所在区域内"省级"政府所希望的"居民表达对地方政府不满"总量的限制，可以认为每个地级市得到的指标都是该"居民表达对地方政府不满"总量的增函数，即 $\overline{N}_i = n(\overline{N}_G)$，且 $n' > 0$。其中，n 表示"省级"政府的分配函数。

第二节　财政分权的影响

本章之所以将财政分权的影响进行单独的探讨，主要有两个原因，第一，政府包括了中央政府、"省级"政府和地级市政府，因而存在两个层级的财政分权，需要对这两个层级的财政分权分别进行讨论；第二，这两个层级的财政分权影响有所差异，而且根据讨论结果两者的影响存在根本性差异。

一、"省级"财政分权的影响

根据财政分权对于"省级"政府制定和执行环境规制强度的影响来源于上访数量在其效用函数中的权重，即 η_2。根据式（6-14）可以知道，η_2 对"省级"政府所希望的"居民表达对地方政府不满"总量会产生影响。利用式（6-14）对 η_2 求偏导可得：

$$\frac{\partial \overline{N}_G}{\partial \eta_2} = c_G e^{nt} L_0 K_G^{-\eta_1(\varepsilon_1 - \varepsilon_2)} \times \frac{2a\varepsilon_2(\varepsilon_1 \eta_1 \eta_2 - a)}{\eta_2 G_7^{\varepsilon_1 \eta_1 + 1}(G_8 - G_7)^{\eta_1 \varepsilon_2} G_8^{1 - \varepsilon_1 \eta_1 - \varepsilon_1 \eta_2}} \quad (6-17)$$

其中，G_7、G_8 的具体函数形式见附录 13。可以证明式（6-16）小于 0（证明见附录 13）。由此得到第十五个命题：

H_{15}：在其他条件不变的情况下，对于"省级"政府辖区内最优的"居民表达对地方政府不满"总量是上访数量在其效用函数中权重的减函数。

对于命题 H_{15}，当上访数量在"省级"政府效用函数中的权重越高时，"省级"政府就会希望其辖区内"居民表达对地方政府不满"的总量越少；反之当上访数量在"省级"政府效用函数中的权重越低时，"省级"政府就会希望其辖区内"居民表达对地方政府不满"的总量越多。其原因在于"居民表达对地方政府不满"的总量和经济总量之间存在一定的替代关系。具体地，一般情况下"居民表达对地方政府不满"总量的增加会换取经济总量的上升，牺牲经济总量则可以换取"居民表达对地方政府不满"总量的减少，而这两者的边际效用替代率无疑会取决于上访数量在"省级"政府效用函数中的权重：当上访数量在"省级"政府效用函数中的权重较高时，"居民表达对地方政府不满"总量的增加会导致效用水平较高的下降，其换取的经济总量上升所带来的效用水平增加无法弥补这一损失，所以总体上"省级"政府的效用水平是下降的，这时"省级"政府就会牺牲更多的经济总量以取得较少的"居民表达对地方政府不满"数量并最终达到均衡；当上访数量在"省级"政府效用函数中的权重较低时，"居民表达对地方政府不满"总量的增加会导致效用水平较低的下降，其换取的经济总量上升所带来的效用水平增加不仅可以弥补这一损失，还会使得"省级"政府总体上的效用水平上升，这时"省级"政府就会容忍更多的"居民表达对地方政府不满"数量以取得更多经济总量并最终达到均衡。

对于"省级"政府官员而言，如果当地的财政自给率较高，就可以认为 η_2 越小；反之，如果当地的财政自给率较低，就可以认为 η_2 越大，即 η_2 是财政自给率的减函数。根据链式求导法则，可以得到对于"省级"政府辖区内最优的"居民表达对地方政府不满"总量会受到其财政自给率的影响，财政自给率越高，对于"省级"政府最优的"居民表达对地方政府不满"总量就越多；反之，财政自给率越低，对于"省级"政府最优的"居民表达对地方政府不满"总量就越少。由此可以将命题 H_{15} 进一步推广得到命题 H_{16}。

H_{16}：在其他条件不变的情况下，对于"省级"政府辖区内最优的"居民表达对地方政府不满"总量是上访数量在其财政自给率的增函数。

当然，就如同命题 H_{10} 并不能简单地和命题 H_7 画等号一样，命题 H_{16} 同样不能简单地和命题 H_{15} 画等号，因为上访数量在"省级"政府效用函数中的权重还受到其他因素的影响。不过与第四章的理由一致，对于每一期的地方官员，这些因素完全可以被作为一个固定值。这样命题 H_{16} 和命题 H_{15} 就完全一致了。

如前所述，"省级"财政分权通过影响"省级"政府效用函数中上访数量的权重影响其辖区内最优的"居民表达对地方政府不满"总量。又根据"省级"政府给定地级市政府"居民表达对地方政府不满"数量的硬性指标 $\overline{N}$ 则是该总量 $(\overline{N_G})$ 的增函数 $[\overline{N_i} = n(\overline{N_G})$，且 $n' > 0]$。通过链式求导法则可以确定"省级"政府给定地级市政府"居民表达对地方政府不满"数量的硬性

指标 $\overline{N}$ 是"省级"财政自给率的增函数，因而可以将命题 H_{16} 进一步推广得到命题 H_{17}。

（一）H_{17}：在其他条件不变的情况下，"省级"政府给定地级市政府"居民表达对地方政府不满"数量的硬性指标 $\overline{N}$ 是"省级"财政自给率的减函数。

进一步地，地级市政府执行的环境规制强度是"省级"政府给定"居民表达对地方政府不满"数量的硬性指标 $\overline{N}$ 的减函数［式（6–10）］。通过链式求导法则可以确定地级市政府执行的环境规制强度是"省级"财政自给率的减函数，因而可以将命题 H_{17} 进一步推广得到命题 H_{18}。

（二）H_{18}：在其他条件不变的情况下，地方政府执行的环境规制强度是"省级"财政自给率的减函数。

对于命题 H_{18}，"省级"政府的效用函数中，上访数量在其效用函数中的权重越小，"省级"政府辖区内最优的"居民表达对地方政府不满"总量就越少，"省级"政府分配给辖区内每个地级市的"居民表达对地方政府不满"数量指标就越少，这时地级市政府必须保证其辖区内居民选择"表达对地方政府不满"的数量较少，所以需要生产部门使用较小比例的资本用于生产而使用较大比例的资本用于减排，为了实现这一目的需要执行一个较强的环境规制强度；反之亦然。

命题 H_{18} 意味着一个地级市如何选择环境规制的强度会受到"省级"财政分权的影响。因此，如果进行回归分析时，"省级"财政分权是影响地级市环境规制强度的重要变量。

二、地级市财政分权的影响

以上分析了"省级"财政分权对地级市环境规制强度的影响，那么地级市财政分权的影响如何呢？事实上，在地级市政府的效用函数中，并不包含居民"不满"指标，该指标对于地级市政府只是一个约束性指标。根据"省级"财政分权的影响分析，"省级"的财政自给率通过"省级"政府效用函数中居民"不满"的权重影响地级市政府执行环境规制强度，而地级市政府的效用函数中不包含这一指标，因而地级市财政分权无法通过该指标对地级市的环境规制强度产生影响。

那么地级市财政分权是否会对环境规制强度产生影响呢？根据式（6-8），影响 τ^* 的因素中并不包含地级市财政分权。地级市财政分权有可能会影响"省级"政府对"不满"总量的分配方案。换句话说，"省级"政府可能会依据地级市的财政分权水平实施分配方案，即地级市的财政分权可能会对函数 $n(\overline{N_C})$ 产生影响，当然，这种影响也可以不存在。事实上，并没有足够的理论能够说明地级市的财政分权可以对"省级"政府的分配方案产生影响。

除此以外，本书中的理论分析可能忽略了地级市的财政分权通过其他的途径影响环境规制的强度，但是这一切都是"猜想"。如果仅仅参照，地级市的财政分权无法影响环境规制的强度理论，由此得到第十九个命题：

H_{19}：地方政府执行的环境规制强度不受地级市财政分权的影响。

第三节　实证策略与模型设定

根据命题 H_{18} 和命题 H_{19}，一个地级市如何选择环境规制的强度会受到其所属省份的"省级"财政分权的影响，但是并不受地级市财政分权的影响。为了对此进行验证，给出命题 H_{18} 和命题 H_{19} 的相关检验策略，并利用城市废水排放的相关数据对命题进行检验。

由于在中国现有的各种统计资料中都没有报告城市级别的固体废物排放量数据，因而无法选择该指标进行计量研究。为此，只得选择"污水"作为不具有空间外溢性的污染物。事实上，"污水"具有一定的空间外溢性，这种空间外溢主要来源于河流的流动性，上游城市的"污水"会随着河流影响到下游的城市。为了避免这种空间外溢来源，将我国有主要河流（三级及以上）经过的城市予以剔除，从而避免了河流导致的空间外溢性，使得样本内的"污水"污染可以作为一种不具有空间外溢性的污染物。

一、针对地级市财政分权和省级财政分权对环境规制强度影响的实证检验策略

针对命题 H_{18} 和命题 H_{19} 的实证检验策略，完全可以借鉴针对命题 H_{10} 的实

证检验策略。将环境规制强度作为被解释变量，将"省级"财政分权和地级市财政作为解释变量，构建回归方程进行参数估计，并根据估计结果进行实证检验。

二、针对地级市财政分权和省级财政分权对环境规制强度影响的模型设定

根据命题 H_{18} 和命题 H_{19} 的实证检验策略，可以知道两者的被解释变量均为环境规制强度，因而对于这两个命题的实证检验可以通过一个回归模型完成。为此，建立以环境规制强度为被解释变量，"省级"财政自给率指标、地级市财政自给率指标作为解释变量的回归模型，具体如下：

$$RG_{it}^c = \theta_0 + \theta_1 FD_{it}^G + \theta_2 FD_{it}^c + \theta'_3 X_{it}^c + \mu_i + \varepsilon_{it} \qquad (6-18)$$

其中，RG 表示环境规制强度，FD^G 表示"省级"财政分权水平，FD^c 表示地级市财政分权水平，X 表示其他影响环境规制强度的控制变量所组成的行向量。此外，$\theta_0 \sim \theta_2$ 为待估参数，θ_3 为待估参数组成的列向量；μ_i 为个体效应，ε_{it} 为随机扰动项；i 表示截面，t 则代表时间；上标 c 则表示该变量为地级市层面数据计算得到。

根据前文的实证检验策略，在式（6-18）中，变量 FD^G（"省级"财政分权水平）和 FD^c（地级市财政分权水平）的系数 θ_1、θ_2 是验证策略中的重点参数。如果系数 θ_1 显著为正，则可以验证命题 H_{18}，否则无法验证命题 H_{18}；如果系数 θ_2 不显著，则可以验证命题 H_{19}，否则无法验证命题 H_{19}。

三、联立方程组

虽然增加了地级市政府，但是生产函数和非期望产出函数并没有发生改变，因此，具体执行环境规制的政府主体虽然从"省级"政府变为了地级市政府，只要依然能够排除"遵循成本"现象，最优 τ^* 和 α^* 的关系依然不会发生任何变化。所以第四章中得到的命题 H_8 和命题 H_9 是依然成立的。

与此同时，一般认为污染程度会影响政府对环境规制强度的选择，所以污

染程度应该包含在式（6 – 18）的控制变量中。因此与第四章相似，式（6 – 18）同样存在互为因果导致的内生性问题。一方面，为了解决这一问题可以使用单一方程的参数估计方法；另一方面，作为一种稳健性检验同时检验命题 H_8 和命题 H_9 是否在地级市级别的实证研究中依然成立，本章同样建立了一个联立方程组。方程组的另外两个方程与第四章式（4 – 2）和式（4 – 3）相似，具体如下：

$$PL_{it}^c = \lambda_0 + \lambda_1 RG_{it}^c + Z_{it}^c \lambda_2 + \sigma_i + \xi_{it} \qquad (6-19)$$

其中，PL 表示污染排放量，RG 表示环境规制强度，Z 表示其他影响总产量的控制变量所组成的行向量。此外，$\lambda_0 \sim \lambda_1$ 为待估参数，λ_2 为待估参数组成的列向量；σ_i 为个体效应，ξ_{it} 为随机扰动项；上标 c 则表示该变量由地级市层面数据计算得到：

$$GDP_{it}^c = \beta_0 + \beta_1 RG_{it}^c + Y_{it}^c \beta_2 + \upsilon_i + \omega_{it} \qquad (6-20)$$

其中，GDP 表示生产总值，RG 表示环境规制强度，Y 表示其他影响总产量的控制变量所组成的行向量。此外，$\beta_0 \sim \beta_1$ 为待估参数，β_2 为待估参数组成的列向量；υ_i 为个体效应，ω_{it} 为随机扰动项；上标 c 则表示该变量由地级市层面数据计算得到。

第四节　变量定义与样本说明

一、变量定义

本章的变量需要使用城市层面的指标进行度量，由于数据的限制，有些变量的度量方式和第四章有所不同，因而这里将对式（6 – 18）~ 式（6 – 20）中的各个变量进行详细说明。

（一）式（6 – 18）的变量定义

1. 被解释变量。在式（6 – 18）中，被解释变量为环境规制强度（RG^c）。

依旧承袭前文的思路，利用污染物的去除率或者利用率表征环境规制强度，环境规制强度（RG）将以污水处理率进行度量。

2. 解释变量。在式（6-18）中，存在"省级"财政分权水平（FD^G）和地级市财政分权水平（FD^c）两个解释变量。如前所述，无论是"省级"财政分权水平（FD^G）和地级市财政分权水平（FD^c），均以财政自主度指标进行度量。

3. 控制变量。对于式（6-18），根据理论逻辑，"省级"财政分权会通过"省级"政府对地级市政府设定的"居民表达对地方政府不满"数量指标影响地级市的环境规制强度，但是该指标还包含了一些无法观察的因素，例如影响"省级"政府分配方案的因素，根据式（6-8），应当将"居民表达对地方政府不满"比率指标（$\overline{N}/e^{nt}L_0$）进行控制，但是在所有的统计资料中这一指标都没有报告，因而无法控制该变量。不过，由于该指标是所属省的"居民表达对地方政府不满"总量的增函数（即 $\overline{N}_i = n(\overline{N}_G)$，且 $n' > 0$）。因而可以利用省级"居民表达对地方政府不满"比率指标作为其代理变量。

此外，还将对以下变量进行控制：第一，环境污染水平（PL^c），根据理论研究中的假定，环境污染水平与污染排放量是相同的，因而本章中的环境污染水平（PL^c）将使用污水排放量进行度量，进行参数估计时使用其对数形式（$\ln PL^c$）；第二，居民消费水平（$PGDP^c$），由于地级市的人均消费支出数据无法获得，如果假设边际消费倾向不发生改变，税率不发生改变，那么人均消费是人均 GDP 的简单线性函数，因而使用人均 GDP 作为其代理指标，并且使用GDP 折减指数进行平减，统一使用 1997 年固定价格计算，进行参数估计时使用其对数形式（$\ln PGDP^c$）；第三，资本存量（K^c），借鉴相关研究（柯善咨等，2014）给出的城市资本估算方法，同样利用永续盘存法对城市的资本存量进行估算，具体方法如下：

$$K_t^c = (1-\delta)K_{t-1}^c + \frac{I^c}{P_t^{kc}}$$

其中，K^c 表示以 1997 年固定价格计算的地级市层面的实际资本存量，δ 为折旧率，这里借鉴张军等（2004）的做法折旧率取 0.096，I 为投资完成额，P^{kc} 表示固定资产投资指数，下标 t 表示时期，进行参数估计时使用其对数形式

（$\ln K^c$）；第四，总人口（P^c），采用常住人口度量，进行参数估计时使用其对数形式（$\ln P^c$）；第五，技术水平，为了控制有变动的技术水平，同样使用 DEA 方法计算 Malmquist 指数对技术进步进行测算，并将 1997 年的技术水平标准化为 1，从而得到各个时期的相对技术水平（MA^c），在计算 Malmquist 指数时产出数据使用 GDP（使用 1997 年固定价格进行计算），投入数据使用总就业人口和资本存量。

（二）式（6 – 19）的变量定义

1. 被解释变量。式（6 – 19）中的被解释变量为污水排放量（PL^c），如前文所述污染物排放量与环境污染相一致，进行参数估计时使用其对数形式（$\ln PL^c$）。

2. 解释变量。环境规制强度（RG^c），与式（6 – 18）回归模型中的被解释变量以及式（6 – 19）回归模型中的解释变量相同，这里不再复述。

3. 控制变量。对于影响地区污染排放的变量。首先，根据环境库兹涅茨曲线理论对人均 GDP 的对数形式（$\ln PGDP^c$）及其平方项（$\ln^2 PGDP^c$）进行了控制。其次，根据本文理论模型的设置，污染物是资本的非期望产出，因此对资本存量（K^c）进行了控制，对于资本存量的计算方法前文已经介绍，这里不再复述，进行参数估计时使用其对数形式（$\ln K^c$）。最后，根据相关研究对以下变量进行了控制：第一，外商直接投资（FDI^c），采用人民币兑美元的年度平均汇率计算得到了以人民币计价的外商投资，并利用固定投资价格指数折减为统一使用 1997 年价格计算；第二，人力资本水平（HM^c），省级层面的人力资本水平使用人均受教育年限表征，但是地级市级别的统计资料中都没有报告这一数据，因而借鉴相关研究（邵帅等，2013），使用普通中学在校学生人数占总人口比重来表征人力资本水平；第三，产业结构（SE），使用第二产业产值比重作为该指标的代理变量（见表 6 – 1）。

表 6 – 1　　　　　　　　　　变量名称、含义及其计算方法

变量名称	变量符号	计算方法	单位
污染水平	PL^{cw}	污水排放量	万立方米
环境规制强度	RG^{cw}	污水处理率	%

续表

变量名称	变量符号	计算方法	单位
居民表达对地方政府不满比率	AH^G	每万人关于环境的信访数量	件/万人
"省级"财政分权	FD^G	"省级"财政自给率："省级"政府财政收入与财政支出之比	—
地级市财政分权	FD^c	地级市财政自给率：财政收入与财政支出之比	—
人均 GDP	$PGDP^c$	人均 GDP 使用 1997 年固定价格计算	元/人
资本存量	K^c	使用永续盘存法计算，使用 1997 年固定价格计算	万元
总人口	P^c	常住人口	万人
生产总值	GDP^c	使用 1997 年固定价格计算	万元
相对技术水平	MA^c	将 1997 年的技术水平标准化为 1，使用 Malmquist 指数计算每一期的相对技术水平	—
人力资本水平	HM^c	普通中学在校生人数占总人口比	人/万人
城市道路面积	RO^c	城市道路面积	万平方米
外商直接投资	FDI^c	采用人民币兑美元的年度平均汇率计算得到了以人民币计价的外商投资，并利用固定投资价格指数折减，统一使用 1997 年价格计算	亿元
产业结构	SE^c	第二产业产值比重	%

（三）式（6-20）的变量定义

1. 被解释变量。在式（6-20）中，被解释变量为 GDP^c，这里采用 1997 年固定价格进行计算，进行参数估计时使用其对数形式（$\ln GDP^c$）。

2. 解释变量。环境规制强度（RG^c），与式（6-18）回归模型的被解释变量相同，这里不再复述。

3. 控制变量。对于影响地区生产总值的变量。承袭第四章，式（6-20）回归方程的控制变量包括：第一，资本存量（K^c），对于资本存量的计算方法前文已经介绍，这里不再复述，进行参数估计时使用其对数形式（$\ln K^c$）；第二，总人口（P^c），采用人口总数进行度量，进行参数估计时使用其对数形式（$\ln P^c$）；第三，技术水平，这里同样采用相对技术水平进行度量，对于相对技术水平的计算方法前文已经介绍，这里不再复述；第四，人力资本水平

（HM^c），对于人力资本水平的表征前文已经介绍，这里不再复述；第五，公路面积（RO^c），与第四章中的公路里程数相对应，城市级别的变量使用公路面积进行度量。

（四）所有变量的定义、符号与计算方法

式（6 - 18）~ 式（6 - 20）三个回归方程中涉及的所有变量的变量名称、符号以及相关计算方法如表6 - 2所示。

表6 - 2　　　　　　　　　　各变量的描述性统计

变量名称	变量符号	样本量	平均值	标准差	最小值	最大值
污染水平	PL^{cw}	912	9912.760	14995.922	230.824	146918.640
环境规制强度	RG^{cw}	912	39.662	18.996	0.959	86.240
"居民表达对地方政府不满"比率	AH^G	912	0.830	0.682	0.001	4.270
"省级"财政分权	FD^G	912	0.531	0.215	0.148	0.951
地级市财政分权	FD^c	912	0.547	0.217	0.033	2.345
人均GDP	$PGDP^c$	912	27862.859	15827.786	2496.947	79015.596
资本存量	K^c	912	841.473	1305.990	8.854	10256.954
总人口	P^c	912	115.553	96.334	12.628	751.687
生产总值	GDP^c	912	407.704	557.058	13.552	4944.430
相对技术水平	MA^c	912	0.879	0.244	0.317	1.856
人力资本水平	HM^c	912	5.675	2.591	0.794	63.034
道路面积	RO^c	912	1279.599	1570.844	6.160	12823.360
外商直接投资	FDI^c	912	18.626	41.877	0.002	440.573
产业结构	SE^c	912	45.621	9.780	7.084	78.311

二、样本选取、数据来源和变量的描述性统计

（一）样本选取

如前文所述，本章选取污水作为污染物，为了避免空间外溢的影响，将我国有主要河流（三级及以上）经过的城市予以剔除；直辖市下辖的区虽然也

可以视为地级市，但是其面积过小，因而将直辖市及其下辖的"区"级行政单位排除；此外，还有一些行政级别和地级市近似的行政单位（例如"地区"），考虑到其特殊性，同样将其排除，又考虑到数据的可得性，本章选取我国内地 76 个地级市作为截面样本；由于污染物排放量的统计数据是从 2004 年开始，另外考虑到数据的可得性，选取了 2004～2015 年作为时间序列样本；由此组成了 76 个地级市 12 年的面板数据样本。

（二）数据来源

污水及污水处理率数据来源于 EPS 数据库中的中国城乡建设数据库（城市）；每万人关于环境的信访数量来源于历年《中国环境年鉴》；省级财政收入和省级财政支出于《中国统计年鉴》；城市 GDP、GDP 折减指数、固定资产投资、总人口、就业人口数、普通中学生人数、公路面积、外商直接投资、第二产业产值等数据均来源于《中国城市统计年鉴》；固定资产价格指数来源于历年《中国价格统计年鉴》和国家统计局网站；年度平均汇率数据来源于 WIND 数据库；个别缺失值采用插值法予以补齐。具体各个变量的描述性统计如表 6 - 2 所示。

第五节　模型参数估计方法与实证估计结果

本章中的式（6 - 18）～式（6 - 20），与第四章的式（4 - 1）～式（4 - 3），结构一致，同样存在各个方程之间的被解释变量、解释变量和控制变量之间存在互为因果的关系。为解决多个方程联立导致的内生性问题，本章使用单一方程和联立方程两种方法进行参数估计。

由于本章的重点在于验证命题 H_{18} 和命题 H_{19}，因而在单一方程回归分析时仅针对式（6 - 18）进行参数估计；在方程组回归分析时则将式（6 - 18）～式（6 - 20）联立并进行参数估计。

具体的参数估计方法与第四章第四节中的参数估计方法完全相同，这里不再复述。

一、单一方程参数估计结果与分析

表6-3给出了式（6-18）使用广义矩估计得到的参数估计结果。由于在进行广义矩估计时，选用了滞后一期的环境污染水平（PL）作为工具变量，所以牺牲了一期的观测值，导致样本量变为836。对于参数估计结果的分析必须以工具变量的有效性为前提，如果工具变量无效，那么参数估计结果将毫无意义。

表6-3 式（6-18）参数估计结果

GMM 估计		
式（6-18）		
被解释变量	RG^{cw}	RG^{cw}
AH^G	0.003 ** (2.233)	0.004 *** (2.661)
FD^G	-0.078 ** (-2.012)	-0.078 ** (-2.038)
FD^c	0.327 (0.531)	0.132 (1.038)
$\ln PL^{cw}$	0.256 *** (4.256)	0.262 *** (4.531)
$\ln PGDP^c$	-0.576 ** (-2.047)	-0.334 ** (-1.983)
$\ln K^c$	0.136 (0.059)	0.151 (1.292)
$\ln P^c$	0.136 *** (2.638)	0.063 *** (3.294)
MA^c	0.301 *** (4.664)	0.314 *** (3.046)
Kleibergen-Paap rk LM （P 值）	34.454 (0.000)	32.840 (0.000)
Kleibergen-Paap rk Wald F （*Stock-Yogo bias critical value*：10%）	79.826 (19.93)	76.989 (19.93)

续表

GMM 估计		
式（6 - 18）		
被解释变量	RG^{cw}	RG^{cw}
Hansen's J （P 值）	0.000 （0.989）	0.768 （0.381）
R^2	0.243	0.418
是否控制时间固定效应	否	是
样本数	836	836

注：***、** 和 * 分别表示在1%、5% 和10% 的水平上显著；括号内为利用聚类稳健标准误计算得到 z 检验值。该参数估计结果由 stata14 命令 xtivreg2 实现，在使用固定效应时该命令不汇报常数项。

观察表6 - 3中式（6 - 18）考虑时间固定效应和不考虑时间固定效应的两种参数估计结果可以发现，首先，根据 Kleibergen-Paap rk LM 统计量及其 P 值可以确定在两种情况下都不存在工具变量不可识别的问题；其次，利用 Kleibergen-Paap rk Wald F 统计量与标准为10% 的 Stock-Yogo 偏差临界值进行对比，可以确定在两种情况下都不存在弱工具变量问题；最后，根据 Hansen's J 统计量可以确定在两种情况下都不存在工具变量过度识别的问题。因此，针对式（6 - 18）考虑时间固定效应和不考虑时间固定效应两种情况下工具变量设置都是有效的。此外，对比式（6 - 18）考虑时间固定效应和不考虑时间固定效应的两种参数估计结果可以发现，各个变量估计系数的符号完全相同，显著性水平并未发生明显变化，由此可以说明模型的估计结果是稳健的。综上所述，可以证明使用广义矩估计得到的参数估计结果是可信的。

接下来，将对命题 H_{18} 和命题 H_{19} 的检验结果进行说明分析。首先，在考虑时间固定效应和不考虑时间固定效应两种情况下，"省级"财政自给率（FD^c）的系数都在1% 的置信水平上显著为负，这表明在其他条件不变的情况下，"省级"政府的财政自给率水平越高，地方政府所采用最优环境规制强度就越小，即命题 H_{18} 成立；其次，在考虑时间固定效应和不考虑时间固定效应两种情况下，地级市财政自给率（FD^c）的系数均不显著，这表明地级市的财政自给率水平对于其选取环境规制强度并没有产生影响，即命题 H_{19} 成立。

二、联立方程组参数估计结果——稳健性检验

表 6 - 4 给出了使用三阶段最小二乘法（3SLS）得到的参数估计结果。首先，对比不考虑时间固定效应和考虑时间固定效应的情况，相同方程的参数估计结果符号完全相同，而且显著性水平相差不大，由此可以判断参数估计结果是稳健的；其次，对比三阶段最小二乘法和广义矩估计得到的参数估计结果可以发现，使用不同的估计方法以及是否考虑时间固定效应对主要变量的参数估计结果影响不大；每种情况下主要变量的参数估计结果符号完全相同，显著性水平没有发生变化，也没有发生根本性变化，控制变量的符号也完全相同，只有个别变量的显著性水平存在差异。综上所述，可以认为本章所设立的计量模型是有效的，由此得到的参数估计结果是稳健可信的。

由表 6 - 4 可以看出，第一，在不考虑时间固定效应和考虑时间固定效应的两种情况下，在式（6 - 18）中"省级"财政自给率（FD^G）的系数都在 1% 的置信水平上显著为负，这表明命题 H_{18} 成立的结果是稳健的；第二，在不考虑时间固定效应和考虑时间固定效应的两种情况下，在式（6 - 18）中地级市财政自给率（FD^c）的系数均不显著，与使用广义矩估计得到的结果完全一致，这表明命题 H_{19} 成立的结果是稳健的。

此外，将表 6 - 4 中的三个回归方程与表 4 - 6 进行对比可以看发现，各个回归方程中解释变量、控制变量的符号与显著性水平基本一致。这表明无论是使用省级行政单位作为截面样本还是使用地级市作为截面样本，参数的估计结果是稳健的，这也进一步证明了本书模型设置的正确性以及结论的稳健性。

表 6 - 4　　　　　　　　　　　　联立方程组参数估计结果

被解释变量	3SLS 估计					
	式（6 - 18）	式（6 - 19）	式（6 - 20）	式（6 - 18）	式（6 - 19）	式（6 - 20）
	RG^{cw}	$\ln PL^{cw}$	$\ln GDP^c$	RG^{cw}	$\ln PL^{cw}$	$\ln GDP^c$
RG^{cw}		- 1.043 ** (- 5.32)	- 1.698 *** (- 7.553)		- 1.153 *** (- 4.368)	- 1.395 *** (- 6.241)
AH^G	0.018 *** (2.798)			0.005 *** (3.248)		

续表

	3SLS 估计					
被解释变量	式（6-18）	式（6-19）	式（6-20）	式（6-18）	式（6-19）	式（6-20）
	RG^{cw}	$\ln PL^{cw}$	$\ln GDP^{c}$	RG^{cw}	$\ln PL^{cw}$	$\ln GDP^{c}$
FD^{G}	-0.084 *** (-4.028)			-0.017 *** (-5.274)		
FD^{c}	0.182 (0.733)			0.222 (0.688)		
$\ln PL^{cw}$	0.333 *** (2.826)			0.219 ** (2.477)		
$\ln PGDP^{c}$	-0.682 *** (-3.429)	0.649 *** (2.681)		-0.774 * (-1.733)	0.856 ** (2.471)	
$\ln^{2} PGDP^{c}$		-0.049 ** (-2.613)			-0.077 ** (-2.468)	
$\ln K^{c}$	0.123 (0.808)	0.073 *** (2.864)	0.216 *** (6.197)	-0.215 (-1.001)	0.027 *** (3.015)	0.196 *** (4.389)
$\ln P^{c}$	0.120 *** (2.649)		0.781 *** (13.452)	0.232 ** (1.975)		0.809 *** (12.452)
MA^{c}	0.099 * (1.781)		0.069 ** (2.164)	0.111 *** (2.976)		0.130 * (1.735)
HM^{c}		0.002 (0.662)	0.001 *** (2.986)		0.001 (1.295)	0.001 ** (2.063)
RO^{c}			0.699 *** (6.165)			0.727 *** (5.915)
FDI^{c}		0.001 ** (2.319)			0.000 *** (3.015)	
SE^{c}		0.002 ** (2.016)			0.004 *** (3.953)	
cons （常数项）	-5.871 (-5.839)	14.413 *** (10.062)	14.510 *** (19.046)	-6.051 (-11.802)	12.326 *** (9.457)	9.102 *** (25.691)
R^{2}	0.717	0.856	0.943	0.530	0.878	0.879
是否控制时间 固定效应	否	否	否	是	是	是
样本数	912	912	912	912	912	912

注：*** 、** 和 * 分别表示在1%、5%和10%的水平上显著；括号内为利用稳健标准误计算得到 z 检验值。

第七章　市级政府对空间外溢性污染物的规制选择

本章将对具有空间外溢性的城市环境问题进行研究。同样的，为了理论研究的简洁性，在进行理论分析时仅适用拉姆齐—卡斯—库普曼模型框架，当然利用 AK 内生增长模型并不影响理论研究的结论。

第一节　关于外溢性污染物的城市环境理论框架

本章额外考虑了污染物的空间外溢。具体而言，在生产部门的生产函数和非期望产出、消费部门的效用函数和不满函数、"省级"政府、地级市政府的效用函数以及中央政府的效用函数设置都是完全相同的。本地区的环境质量则延续第五章的设定：一个地区的环境质量不仅受到本地区的污染排放影响，还受到其他地区的污染排放影响。这时地级市政府遇到"居民表达对地方政府不满"数量不再完全由本地排放的污染物排放量所决定，那么地级市政府又将如何应对，命题 H_{18}、命题 H_{19} 是否依然成立呢？

一、生产和消费部门决策

（一）生产部门决策

生产部门的污染排放函数延续第三章、第五章的设定，各个地区所面临的污染物总量则延续［式（5-2）］，本章研究的是地级市层面的环境问题。假设存在两个城市：A 城市和 B 城市，根据式（3-6）两个城市生产部门的污染排放函数分别为：

$$P^{c1} = \frac{(\alpha^{c_A} K^{c_A})^{\varepsilon_1}}{[(1 - \alpha^{c_A}) K^{c_A}]^{\varepsilon_2}}$$

$$P^{c2} = \frac{(\alpha^{c_B} K^{c_B})^{\varepsilon_1}}{[(1 - \alpha^{c_B}) K^{c_B}]^{\varepsilon_2}} \tag{7-1}$$

式中字母含义与式（5-1）相同，其中 P^{c1}、P^{c2} 分别表示 A 城市和 B 城市的污染物排放量，而上标 c_A、c_B 则代表 A 城市和 B 城市。由于两个城市的污染物水平还受到其他城市的污染物排放量影响，因而 A 城市和 B 城市所面临的污染物总量为：

$$P^{c_A} = P^{c1} + mP^{c2}$$

$$P^{c_B} = P^{c2} + mP^{c1} \tag{7-2}$$

其中，P^A、P^B 分别表示 A 地区和 B 地区的污染物水平，同时也可以表示 A 城市和 B 城市的环境质量；m 则表示污染物的外溢系数。

　　本章依然延续第五章的逻辑：对于生产部门，污染物的外溢是无足轻重的，因为生产部门不会为外来的污染物负担成本，地方政府也只会针对本地区生产部门的污染物排放进行规制。因此对于生产部门，其利润函数依然可以使用式（4-1）表示，而其决策的过程依然是利润最大化的过程，式（4-2）~式（4-4）依然是生产部门利润最大化的一阶条件。不仅如此，根据式（4-5），本章依然需要避免"遵循成本"现象的假设条件 $\varepsilon_2 < a < \varepsilon_1$ 是成立的。

（二）消费部门决策

　　对于居民的决策，本章延续第五章的设定：无论是效用函数还是"居民表达对地方政府不满"的函数都延续第三章的设置形式。根据第五章的基本逻辑，污染物表达式的变化不会影响居民的最优消费路径，但是会对居民造成两个方面的影响：第一，居民的效用水平发生了变化；第二，影响了居民"表达对地方政府不满"的选择。

二、地级市政府决策

　　对于地级市政府的效用函数，本章延续第六章的设置，那么地级市政府为实现效用水平最大化依然会选择限制条件的角点解，即地级市政府在进行效用水平最大化时，必然会选择当地"居民表达对地方政府不满"数量和"省级"政府设置的硬性指标相等的条件：$N(t) = \overline{N}(t)$。

但是，这时地级市政府不能像对待不具有外溢性污染那样设置同样的环境规制强度，如果设置同样的规制强度，那么由于还受到其他地区的污染排放影响，所以本市的环境质量无法像地级市政府预期的那样，这时"居民表达对地方政府不满"数量就会上升，从而导致地级市政府无法满足"省级"政府给出的指标，因而地级市政府在执行环境规制强度时必须考虑外部的污染问题。在此情况下，地级市政府针对有外溢性的污染物制定环境规制强度要更强。由此可以得到第二十个命题。

H_{20}：地级市政府针对有外溢性的污染物制定环境规制强度，比针对没有外溢性的污染物制定环境规制强度更强。

三、地级市"居民表达对地方政府不满"数量指标的确定

从"省级"层面考虑这一问题，其结果与第五章完全相同，同样由于对其他地区的污染排放无能为力，所以本身只能通过加强对自身限制来实现效用水平的最大化。这样一来，求解"省级"政府效用水平最大化的"居民表达对地方政府不满"总量的方式和第六章是相同的，因此对于具有空间外溢性的污染物，同样可以得到命题 H_{18} 和命题 H_{19}。具体的过程这里不再重复。

第二节　实证策略与模型设定

根据命题 H_{20}，并且认为污染物的空间外溢性没有对命题 H_{18} 和命题 H_{19} 产生影响。因而以下将利用二氧化硫的相关数据对命题 H_{18} 和命题 H_{19} 进行检验；除此以外，还将给出命题 H_{20} 的检验策略。

一、针对地级市财政分权和省级财政分权对环境规制强度影响的实证检验策略

针对命题 H_{18} 和命题 H_{19} 的实证检验策略，以二氧化硫的数据计算环境规制强度等相关指标。

二、针对地级市财政分权和省级财政分权对环境规制强度影响的模型设定

虽然检验策略相同，但是由于污染物存在空间外溢性，所以需要针对实证模型进行一定的改进。具体地，考虑到其他地区污染物排放也会对本地环境质量产生影响，因而还需要控制其他地区的污染物排放量，因此可以将将式（4－1）扩展为以下空间杜宾模型：

$$RG_{it}^{cs} = \theta_0 + \theta_1 FD_{it}^{G} + \theta_2 FD_{it}^{c} + \theta_3 PL_{it}^{cs} + \theta_4 W \times PL_{it}^{cs} + X_{it}\theta_5 + \mu_i^{cs} + \varepsilon_{it}^{cs}$$

$$(7-3)$$

其中，RG 表示环境规制强度，FD^{G} 表示"省级"财政分权水平，FD^{c} 表示地级市财政分权水平，X 表示其他影响环境规制强度的控制变量所组成的行向量。此外，$\theta_0 \sim \theta_3$ 为待估参数，θ_4 为待估参数组成的列向量；μ_i 为个体效应，ε_{it} 为随机扰动项；i 表示截面，t 则代表时间；上标 cs 则表示该变量为地级市层面利用二氧化硫数据计算得到。W 为空间矩阵，这里采用常见的距离空间权重矩阵 $\tilde{W}$，该矩阵的对角线元素均为 0，该矩阵其他元素满足如下方程：

$$\tilde{w}_{ij} = \frac{1}{d_{ij}}(i \neq j)$$

$$(7-4)$$

最后该权重矩阵经过行标准化处理，使得每一行元素和为 1，于是得到回归模型中使用的空间权重矩阵 W，该矩阵所有元素满足如下方程：

$$w_{ij} = \frac{\tilde{w}_{ij}}{\sum_{j=1}^{n} \tilde{w}_{ij}}$$

$$(7-5)$$

根据实证检验策略，在式（7-3）中，变量 FD^G（"省级"财政分权水平）和 FD^c（地级市财政分权水平）的系数 θ_1、θ_2 是验证策略中的重点参数。如果系数 θ_1 显著为正，则可以验证命题 H_{18}，否则无法验证命题 H_{18}；如果系数 θ_2 不显著，则可以验证命题 H_{19}，否则无法验证命题 H_{19}。

三、针对命题 H_{20} 的实证检验策略

对于命题 H_{20}，无论是地级市政府针对污水执行的环境规制强度还是地级市政府针对二氧化硫执行的环境规制强度，都可以通过相关数据计算得到，因而并不需要利用回归模型进行检验。由于两种环境规制强度指标都是通过"处理率"构建，因而两者具有可比性，为此将通过统计学中最常见的 t 检验对命题 H_{20} 进行检验。

第三节 变量定义与样本说明

一、变量定义

本章中的变量定义仅有环境规制强度（RG）与环境污染水平（PL）存在差异，其余变量均与第六章的变量定义一致，因而这里不再复述。其中，RG^{cs} 表示地级市政府执行的针对二氧化硫的环境规制强度，并使用二氧化硫的处理率表征；PL^{cs} 表示地级市层面的二氧化硫的排放量。其余变量定义见第六章。

二、样本选取、数据来源和变量的描述性统计

（一）样本选取

如前文所述，本章选取二氧化硫作为污染物，出于同样的理由，这里将直辖市及其下辖的"区"级行政单位排除，以及一些行政级别和地级市近似的行政单位予以剔除（例如"地区"），又考虑到数据的可得性，选取我国内地

239 个地级市作为截面样本；由于污染物排放量的统计数据是从 2004 年开始，另外考虑到数据的可得性，选取了 2004 ~ 2015 年作为时间序列样本；由此组成了 239 个地级市 12 年的面板数据样本（见表 7 - 1）。

表 7 - 1　　　　　　　　变量名称、含义及其计算方法

变量名称	变量符号	计算方法	单位
污染水平	PL^{cs}	二氧化硫排放量	万吨
环境规制强度	RG^{cs}	二氧化硫处理率	%
"居民表达对地方政府不满"的比率	AH^G	每万人关于环境的信访数量	件/万人
"省级"财政分权	FD^G	"省级"财政自给率：财政收入与财政支出之比	—
地级市财政分权	FD^c	地级市财政自给率：地级市政府财政收入与财政支出之比	—
人均 GDP	$PGDP^c$	人均 GDP 使用 1997 年固定价格计算	元/人
资本存量	K^c	使用永续盘存法计算，使用 1997 年固定价格计算	万元
总人口	P^c	常住人口	万人
生产总值	GDP^c	使用 1997 年固定价格计算	万元
相对技术水平	MA^c	将 1997 年的技术水平标准化为 1，使用 Malmquist 指数计算每一期的相对技术水平	—
人力资本水平	HM^c	普通中学在校生人数占总人口比	人/万人
城市道路面积	RO^c	城市道路面积	万平方米
外商直接投资	FDI^c	采用人民币兑美元的年度平均汇率计算得到了以人民币计价的外商投资，并利用固定投资价格指数折减，统一使用 1997 年价格计算	亿元
产业结构	SE^c	第二产业产值比重	%

（二）数据来源

二氧化硫排放量及二氧化硫处理率数据来源于《中国城市统计年鉴》，其中，2010 年以后该年鉴不再报告二氧化硫处理率，但是开始报告二氧化硫产生量，因而 2011 年及以后的二氧化硫处理率由该数据计算得到；每万人关于环境的信访数量来源于历年《中国环境年鉴》；省级财政收入和省级财政支出

于《中国统计年鉴》；城市 GDP、GDP 折减指数、固定资产投资、总人口、就业人口数、普通中学生人数、公路面积、外商直接投资、第二产业产值等数据均来源于《中国城市统计年鉴》；固定资产价格指数来源于历年《中国价格统计年鉴》和国家统计局网站；年度平均汇率数据来源于 WIND 数据库；个别缺失值采用差值法予以补齐。具体各个变量的描述性统计如表 7 - 2 所示。

表 7 - 2　　　　　　　　　　各变量的描述性统计

变量名称	变量符号	样本量	平均值	标准差	最小值	最大值
污染水平^s	PL^{cs}	2868	6.014	4.872	0.006	49.638
环境规制强度^s	RG^{cs}	2868	42.954	26.449	1.004	99.833
"居民表达对地方政府不满"比率	AH^G	2868	0.830	0.682	0.001	4.270
"省级"财政分权	FD^G	2868	0.531	0.215	0.148	0.951
地级市财政分权	FD^c	2868	0.622	0.247	0.038	2.665
人均 GDP	$PGDP^c$	2868	31662.340	17986.120	2837.440	89790.450
资本存量	K^c	2868	956.219	1484.080	10.061	11655.630
总人口	P^c	2868	131.31	109.47	14.35	854.19
生产总值	GDP^c	2868	463.30	633.02	15.40	5618.67
相对技术水平	MA^c	2868	0.999	0.277	0.360	2.109
人力资本水平	HM^c	2868	6.449	2.944	0.902	71.629
道路面积	RO^c	2868	1454.090	1785.050	7.000	14572.000
外商直接投资	FDI^c	2868	21.166	47.587	0.002	500.651
产业结构	SE^c	2868	51.842	11.114	8.050	88.990

第四节　模型参数估计方法

式（7 - 3）与式（5 - 4）结构一致，不仅需要解决空间联立的"联立偏差"问题，还需要解决相应变量的内生性问题。为此，本章沿续第五章的计量方法，选用了广义空间两阶段最小二乘法（GS2SLS）进行参数估计。

对于检验命题 H_{20} 所使用的 t 检验，则根据一般的 t 检验值构造方法，利用两个环境规制强度的样本平均值和方差构建相应的 t 值。

第五节　实证结果与分析

一、参数估计结果与分析

表 7 - 3 给出了式（7 - 3）使用广义空间两阶段最小二乘法（GS2SLS）得到的参数估计结果。观察表 7 - 3 中式（7 - 4）考虑时间固定效应和不考虑时间固定效应的两种参数估计结果可以发现，首先，根据 *Kleibergen-Paap rk LM* 统计量及其 P 值可以确定在两种情况下都不存在工具变量不可识别的问题；其次，利用 *Kleibergen-Paap rk Wald F* 统计量与标准为 10% 的 *Stock-Yogo* 偏差临界值进行对比，可以确定在两种情况下都不存在弱工具变量问题；最后，根据 *Hansen's J* 统计量可以确定在两种情况下都不存在工具变量过度识别的问题。因此，针对式（7 - 4）考虑时间固定效应和不考虑时间固定效应两种情况下，工具变量设置都是有效的。此外，对比式（7 - 4）考虑时间固定效应和不考虑时间固定效应的两种参数估计结果可以发现，各个变量估计系数的符号完全相同，显著性水平并未发生明显变化，由此可以说明模型的估计结果是稳健的。综上所述，可以证明使用广义矩估计得到的参数估计结果是可信的。

表 7 - 3　　　　　　　　　　式（7 - 3）参数估计结果

GS2SLS 估计		
式（7 - 13）		
被解释变量	RG^{cs}	RG^{cs}
AH^G	0.001 *** (3.251)	0.002 *** (2.807)
FD^G	− 0.006 ** (− 2.384)	− 0.012 *** (− 3.213)
FD^c	− 0.125 (− 1.021)	0.09 (0.026)
$\ln PL^{cs}$	0.061 ** (2.001)	0.048 *** (2.627)

续表

	GS2SLS 估计	
	式（7-13）	
被解释变量	RG^{cs}	RG^{cs}
$wlnPL^{cs}$	0.005 * (1.720)	0.004 * (1.882)
$lnPGDP^c$	-0.046 * (-1.952)	-0.334 ** (-1.983)
lnK^c	0.128 (1.188)	0.071 (1.292)
lnP^c	0.045 *** (6.326)	0.033 *** (5.753)
MA^c	0.015 *** (4.221)	0.150 *** (5.159)
Kleibergen-Paap rk LM （P 值）	32.924 (0.000)	33.693 (0.000)
Kleibergen-Paap rk Wald F （Stock-Yogo bias critical value：10%）	96.615 (19.93)	87.950 (19.93)
Hansen's J （P 值）	0.013 (0.910)	0.563 (0.453)
R^2	0.475	0.493
是否控制时间固定效应	否	是
样本数	2868	2868

注：***、** 和 * 分别表示在1%、5%和10%的水平上显著；括号内为利用聚类稳健标准误计算得到 z 检验值。该参数估计结果由 stata14 命令 xtivreg2 实现，在使用固定效应时该命令不汇报常数项。

接下来，将对命题 H_{18} 和命题 H_{19} 的检验结果进行说明分析。首先，在考虑时间固定效应和不考虑时间固定效应两种情况下，"省级"财政自给率（FD^c）的系数都在1%的置信水平上显著为负，这表明在其他条件不变的情况下，"省级"政府的财政自给率水平越高，地方政府所采用最优环境规制强度就越小，即命题 H_{18} 成立；其次，在考虑时间固定效应和不考虑时间固定效应两种情况下，地级市财政自给率（FD^c）的系数均不显著，这表明在地级市的财政自给率水平对于其选取环境规制强度并没有产生影响，即命题 H_{19} 成立。

140

二、针对不同污染物规制强度存在差异的 t 检验结果与分析

由于使用污水处理率表征地级市政府针对污水执行的环境规制强度，使用二氧化硫处理率表征地级市政府针对二氧化硫执行的环境规制强度，所以对于污水的环境规制强度和二氧化硫的规制强度都是采用比率的方式进行度量的。这也就使得两者具有了可比性。

为了检验两者是否存在显著性差异，采用一般的 t 检验方法对命题 H_{20} 进行检验，并通过两个变量样本均值、样本方差计算得到了相应的 t 检验值为 50.418，原假设和备选假设对应的 P 值如表 7-4 所示，具体结果如下。

表 7-4　　　　　　　　　命题 H_{20} 的检验结果

原假设与备选假设	P 值
H_0：对污水执行的环境规制强度等于 对二氧化硫执行的环境规制强度	0.000
H_a：对污水执行的环境规制强度小于 对二氧化硫执行的环境规制强度	1.000
H_a：对污水执行的环境规制强度大于 对二氧化硫执行的环境规制强度	0.000

注：t 检验值、原假设和备选假设对应的 P 值由 stata14 命令 ttest 实现。

第八章　主要结论与政策启示

第一节　主要结论

本书梳理了我国的财政分权体系下政府的治理模式，分析了各个层级政府的行为动机，并在此基础之上对地方政府的环境规制选择及其影响进行了研究。根据从简单到复杂的一般思路，首先，构建了基本理论框架，分析中央政府和地方政府的目标函数和效用函数，结合经典的经济增长理论分析地方政府的最优决策以及财政分权对于环境污染的影响；其次，在基本理论框架的基础之上考虑污染物的外溢性，并研究了这种外溢性对地方政府最优决策的影响；再次，在基本理论框架下增加考虑政府体系中的"地级市"行政单位，分析了地级市政府的目标函数和效用函数，并结合经典的经济增长理论分析地级市政府的最优决策以及财政分权对于环境污染的影响；最后，增加考虑城市污染的外溢性，并研究了这种外溢性对地级市政府最优决策的影响。

一、基本理论框架的主要结论

通过第三章基本理论框架的研究以及第四章的实证研究可以得到以下结论：第一，居民关于环境问题的信访概率（件/每万人）越高，地方政府选择的环境规制强度就越强，这意味着在中国现有自上而下的管理体制下，居民可以通过"表达对地方政府不满"向中央政府进行反馈，从而有效地约束地方政府的行为；第二，中国目前并未出现"遵循成本"现象，实证研究表明增强环境规制能够有效地抑制污染物的排放；第三，环境规制的副作用是抑制了经济增长；第四，地方政府的财政分权水平越高，其自由选择的空间就越大，在目前的晋升机制安排下，地方政府就会选择更弱的环境规制强度。

二、空间外溢性环境问题的主要结论

通过第五章的基本理论框架和实证研究可以得到以下结论：第一，由于地方政府无法通过环境规制改变其他地区生产部门的排污行为，因而只能对本地生产部门的排污行为进行约束，因而污染物的空间外溢性并没有改变地方政府的最优决策过程，其最优选择和基本框架完全一致，但是空间的外溢性降低了地方政府以及居民的效用水平；第二，基本理论框架下的结论同样适用于空间外溢性环境问题，居民关于环境问题的信访概率对地方政府选择的环境规制强度具有正向影响，同样没有出现"遵循成本"现象，环境规制同样会抑制经济增长；第三，地方政府的财政分权水平越高，其自由选择的空间就越大，这种自由空间使得地方政府对污染物执行的环境规制进行选择，而且这种影响会因为不同的污染物而产生差异。具体而言，地方政府对具有空间外溢性的污染物所执行的环境规制强度受到当地财政分权水平的影响，比不具有空间外溢性的污染物更小。

三、城市环境问题的主要结论

通过第六章基本理论框架的研究和实证研究可以得到以下结论：第一，地级市政府选择的环境规制强度会受到所在省份的"省级"财政分权水平影响，"省级"财政分权水平越高，地级市政府选择的环境规制强度越强；第二，地级市财政分权水平不会对地级市政府选择的环境规制强度产生影响；第三，在地级市层面上同样未出现"遵循成本"现象，环境规制也会抑制经济增长。

四、空间外溢性污染城市环境问题的主要结论

通过第七章基本理论框架的研究和实证研究可以得到以下结论：第一，污染物的空间外溢性并没有城市环境问题的第一、二个结论，地级市政府选择的环境规制强度会受到所在省份的"省级"财政分权水平影响而且不受地级市财政分权水平的影响；第二，地级市政府对于不同污染物执行的环境规制强度

是不一样的，地级市政府针对有外溢性的污染物制定环境规制强度，比针对没有外溢性的污染物制定环境规制强度更强。

第二节　政策启示

环境污染防治是我国经济快速发展带来的倒逼任务。如何落实这一任务是新时代新征程我国建成富强民主文明和谐美丽的社会主义现代化强国这一百年奋斗目标的关键，更是实现人民对美好生活的向往这一奋斗目标的关键。环境规制及其有效执行是治理环境污染问题的重要手段，而地方政府是环境规制的具体执行者，在中国特色的财政分权体系下，地方政府面临中央政府设置的激励机制和监督机制的双重影响，因此研究地方政府对环境规制强度的选择是一个重要的课题。通过理论和实证研究得到了一系列的结论，并进行了展示，根据相关结论可以得到以下政策启示。

第一，应当积极完善居民的反馈机制和中央政府的监督机制。中央政府的目标在于实现各个地区居民的效用水平最大化，但是由于信息不对称以及各个地区的技术水平、居民偏好的原因，所以需要在各个地区实施有差异化的政策，因而中央政府和地方政府形成"委托—代理"关系，并通过激励机制和监督机制约束地方政府。目前，中央政府主要通过"居民表达对地方政府不满"得到反馈，从而保证监督机制的顺利实施，事实上这种反馈机制在现实中得到了很好的效果（能够刺激地方政府增强环境规制），但是这种反馈一方面过于激烈，另一方面成本巨大，居民一般不会轻易选择，所以应当建立更加平和而且成本更低的反馈机制，帮助中央政府能够更好地实现监督机制。

第二，应当积极完善中央政府的激励机制。在很长一段时间以来，中央政府选择的激励指标是经济增长率，在这一激励指标的刺激下，地方政府官员会努力提高地方的经济增长率。为了做到经济增长和环境保护双管齐下，应当将能够而且容易量化的环保指标纳入激励指标中，进一步完善考核体系，使得激励指标包含更多的民生问题，保证激励机制能够很好地刺激地方政府为实现居民效用水平最大化而努力。

第三，应当建立区域环境污染问题的联动机制。根据本书的研究，在面对具有空间外溢性的污染物时，地方政府只能对本地区的生产部门进行规制约束，而不能对其他地区的生产部门产生影响，这不仅降低了当地政府的效用还降低了当地居民的效用水平，因而为了避免这种情况的发生，中央政府应当积极协调各个地区的政府建立区域环境污染问题的联动机制，完善对具有空间外溢性的污染物的规制机制，努力降低外溢性带来的不利影响。

第四，应当完善地方政府的"自由裁量权"机制。地方政府的财政自给率决定了其财政水平依赖中央的程度，其依赖的水平越高就会越重视居民对中央政府的反馈，因而就会倾向于指定更高的环境规制强度，这就表明中央可以通过其他影响路径来影响地方政府的规制选择，因此可以通过完善地方政府"自由裁量权"机制的方式来促使地方政府选择更好更适合当地情况的环境规制强度。

第三节　不足之处及进一步研究方向

本书的不足之处在于以下几点。第一，地方政府的效用函数设置得较为简单，虽然在很大程度上体现了中央政府的意志，但是并没有完全体现中央政府对于地方政府政绩观的综合考量。如果未来可以找到合适的指标和方法，可以将中央政府对于地方政府政绩观指标纳入理论和实证模型。第二，虽然证明了居民反馈和环境投入具有因果关系，但是从长期来看，由于官员的任期等原因，这种关系可能并不持续，因而未来的研究应当考虑这种长期关系是否稳定。

附　　录

附录1：

对式（4-4）的 α 求偏导，可以得到式（4-5），其中 G_0 的表达式为：

$$G_0 = \left[\frac{\alpha^{\varepsilon_2}\alpha^a(1-\alpha)^{\varepsilon_2}(\alpha\varepsilon_2 + \alpha\varepsilon_2^2 - \alpha a\varepsilon_2 + \alpha^2 a\varepsilon_2)}{\alpha(\alpha^{\varepsilon_1+1}\varepsilon_1 - \alpha^{\varepsilon_1}\varepsilon_1 + \alpha^{\varepsilon_2+1}\varepsilon_2)^2} + \right.$$

$$\left. \frac{\alpha^{\varepsilon_1}\alpha^a(1-\alpha)^{\varepsilon_2}(a\epsilon_1 + 2\alpha\varepsilon_1^2 - \alpha^2\varepsilon_1^2 - \varepsilon_1^2 - 2\alpha a\varepsilon_1 - \alpha\varepsilon_1\varepsilon_2 + \alpha^2 a\varepsilon_1 + \alpha^2\varepsilon_1\varepsilon_2)}{\alpha(\alpha^{\varepsilon_1+1}\varepsilon_1 - \alpha^{\varepsilon_1}\varepsilon_1 + \alpha^{\varepsilon_2+1}\varepsilon_2)^2} \right]^{-1}$$

$$(A1-1)$$

关于 $\varepsilon_2 < a < \varepsilon_1$ 是 $G_0 < 0$ 充分条件的证明：

对 G_0 进行整理可以得到：

$$G_0 = \left[\frac{\alpha^{a-\varepsilon_1-1}(1-\alpha)^{\varepsilon_2}}{\alpha(\alpha^{\varepsilon_1+1}\varepsilon_1 - \alpha^{\varepsilon_1}\varepsilon_1 + \alpha^{\varepsilon_2+1}\varepsilon_2)^2} \right]^{-1} \cdot$$

$$\left\{ \left[\varepsilon_1(a-\varepsilon_1)(1-\alpha)^2 \right] - \alpha\varepsilon_2\left[(1-a) + \alpha(a-\varepsilon_2) \right] \right\}^{-1} \quad (A1-2)$$

由 $0 < \alpha < 1$ 容易得到 G_0 中的第一项大于0，即：

$$\frac{\alpha^{a-\varepsilon_1-1}(1-\alpha)^{\varepsilon_2}}{\alpha(\alpha^{\varepsilon_1+1}\varepsilon_1 - \alpha^{\varepsilon_1}\varepsilon_1 + \alpha^{\varepsilon_2+1}\varepsilon_2)^2} > 0$$

如果满足 $\varepsilon_2 < a < \varepsilon_1$，则可以确定 G_0 中的第二项小于0，即：

$$\left[\varepsilon_1(a-\varepsilon_1)(1-\alpha)^2 \right] - \alpha\varepsilon_2\left[(1-a) + \alpha(a-\varepsilon_2) \right] < 0$$

由此，可以确定 $\varepsilon_2 < a < \varepsilon_1$ 是 $G_0 < 0$ 的充分条件。

如果 $\varepsilon_2 < a < \varepsilon_1$ 无法满足，假设 G_0 中的第二项大于0，即：

$$\left[\varepsilon_1(a-\varepsilon_1)(1-\alpha)^2 \right] - \alpha\varepsilon_2\left[(1-a) + \alpha(a-\varepsilon_2) \right] > 0$$

146

那么就会出现 $G_0 > 0$ 的情形，这时就会发生本书所说的"遵循成本"现象，正如书中所描述的那样，为了避免这种现象的发生，假设 $\varepsilon_2 < a < \varepsilon_1$ 是成立的。

附录2：

由于 α^* 的取值范围应该在 （0，1） 区间，所以对于式 （4 - 14），需要加以限制。对于式 （4 - 14） 应当首先满足以下条件，才能确定 α^* 大于 0：

$$(a - \eta_1 \eta_2 \varepsilon_1 + \eta_1 \eta_2 \varepsilon_2)(a - \eta_1 \eta_2 \varepsilon_1) > 0 \qquad (A2 - 1)$$

如果 $a - \eta_1 \eta_2 \varepsilon_1 > 0$，那么 $a - \eta_1 \eta_2 \varepsilon_1 + \eta_1 \eta_2 \varepsilon_2$ 显而易见也大于 0，则式 （A2 - 1） 符合要求。由于 $\eta_1 \eta_2 \varepsilon_2 > 0$，所以 $a - \eta_1 \eta_2 \varepsilon_1 + \eta_1 \eta_2 \varepsilon_2 > a - \eta_1 \eta_2 \varepsilon_1$，因此代入式 （4 - 14） 可以确定取值在 （0，1） 区间，恰好符合要求。如果 $a - \eta_1 \eta_2 \varepsilon_1 < 0$，那么 $a - \eta_1 \eta_2 \varepsilon_1 + \eta_1 \eta_2 \varepsilon_2 < 0$ 同样得到满足时，才能使得式 （A2 - 1） 得到满足，由于 $\eta_1 \eta_2 \varepsilon_2 > 0$，所以 $a - \eta_1 \eta_2 \varepsilon_1 + \eta_1 \eta_2 \varepsilon_2 > a - \eta_1 \eta_2 \varepsilon_1$，因此代入式 （4 - 14） 可以确定取值在 （1，∞） 区间并不符合要求。这也就意味着资本的产出弹性必须大于污染水平在居民效用函数的权重、上访数量在地方政府效用函数中的权重以及为资本的非期望产出弹性三者的乘积，否则只存在角点解的情况，即最优的 α^* 要么取 0，要么取 1，那么此时将没有继续讨论的必要，所以本书需要假设以下条件能够成立：$a - \eta_1 \eta_2 \varepsilon_1 > 0$。

附录3：

G_1 的表达式如下：

$$G_1 = \frac{a(1 - \alpha^*)^{\varepsilon_2 + 1}}{\varepsilon_2 \alpha^{*\varepsilon_1 - a + 1} - \varepsilon_1 \alpha^{*\varepsilon_1 - a}(\alpha^* - 1)} \qquad (A3 - 1)$$

G_0^* 的表达式如下：

$$G_0^* = \left[\frac{\alpha^{*a - \varepsilon_1 - 1}(1 - \alpha^*)^{\varepsilon_2}}{\alpha^*(\alpha^{*\varepsilon_1 + 1}\varepsilon_1 - \alpha^{*\varepsilon_1}\varepsilon_1 + \alpha^{*\varepsilon_2 + 1}\varepsilon_2)^2} \right]^{-1}$$

$$\{[\varepsilon_1(a - \varepsilon_1)(1 - \alpha^*)^2] - \alpha^* \varepsilon_2[(1 - a) + \alpha^*(a - \varepsilon_2)]\}^{-1}$$

$$(A3 - 2)$$

由附录1可知 $G_0^* < 0$。

附录 4：

G_2 的表达式如下：

$$G_2 = \frac{\varepsilon_1(1-\alpha^*) +_2\alpha^*}{\alpha^*(1-\alpha^*)} \tag{A4-1}$$

附录 5：

求得均衡增长路径的过程如下，令：

$$\hat{L} = AL \tag{A5-1}$$

$$\hat{k} = \frac{K}{\hat{L}} \tag{A5-2}$$

$$\hat{c} = \frac{C}{\hat{L}} \tag{A5-3}$$

$$\hat{y} = \frac{Y}{\hat{L}} = f(\hat{k}) \tag{A5-4}$$

利用式（3-6）、式（3-10）、式（4-4）、式（4-7）、式（4-15）以及式（A5-1）~式（A5-4）可得：

$$\frac{\dot{\hat{c}}(t)}{\hat{c}(t)} = -\frac{g\hat{k}(t) - a\hat{y}(t) + \delta\hat{k}(t) + \rho\hat{k}(t)}{\hat{k}(t)}$$

$$-\frac{\alpha^{\varepsilon_1}\hat{k}(t)^{a-1}G_1(\varepsilon_1 - \varepsilon_2)}{(1-\alpha)^{\varepsilon_2}} \tag{A5-5}$$

$$\hat{k}(t) = (1-aG_3)f(\alpha^*\hat{k}(t)) - \hat{c}(t) - (g+n+\delta)\hat{k}(t) \tag{A5-6}$$

其中：

$$G_3 = \frac{\alpha^{\varepsilon_1-a}(\varepsilon_1 - \varepsilon_2)}{a(1-\alpha)^{\varepsilon_2}}G_1 \tag{A5-7}$$

化简式（A5-5）可得：

$$\frac{\dot{\hat{c}}(t)}{\hat{c}(t)} = (1-G_3)f'(\alpha^*k(t)) - \delta - \rho - g \tag{A5-8}$$

由式（A5 - 6）、式（A5 - 7）可得，在均衡增长路径下，

$$\frac{\dot{\hat{c}}(t)}{\hat{c}(t)} = \frac{\dot{\hat{k}}(t)}{\hat{k}(t)} = \frac{\dot{\hat{y}}(t)}{\hat{y}(t)} = 0 \qquad (A5 - 9)$$

$$(1 - G_3)f'(\alpha^* k(t)) - \delta - \rho - g = 0 \qquad (A5 - 10)$$

和传统拉姆齐—卡斯—库普曼模型类似，由式（A5 - 10）可以得到平衡增长路径下 $\hat{k}^*$ 的稳态解。显然地，在本书的模型中，$\hat{k}^*$ 要小于传统拉姆齐—卡斯—库普曼模型中的 $\hat{k}^*$。主要原因在于在传统的拉姆齐—卡斯—库普曼模型中，并不存在环境污染问题，所有的资本都用来生产，而在本书的模型中有一部分资本被消耗在减排之中。

附录 6：

G_4 的表达式为：

$$G_4 = \left[\frac{(1 - \alpha)^{\varepsilon_2}(\varepsilon_2 - \varepsilon_1 + 1)}{\alpha^{\varepsilon_1}(\varepsilon_1 - \varepsilon_2)} - \frac{\varepsilon_1 \varepsilon_2 (1 - \alpha)^{\varepsilon_2}}{\alpha^{\varepsilon_1}(\alpha(\varepsilon_1 - \varepsilon_2) - \varepsilon_1)^2(\varepsilon_1 - \varepsilon_2)} \right]^{-1}$$

$$(A6 - 1)$$

显然地，当 $\varepsilon_2 + 1 < \varepsilon_1$ 条件得到满足时，$G_4 < 0$ 一定成立，因而 $\varepsilon_2 + 1 < \varepsilon_1$ 是 $G_4 < 0$ 的充分条件。同样的，为了避免"遵循成本"现象的发生，假设 $\varepsilon_2 + 1 < \varepsilon_1$ 是成立的。

附录 7：

由于与附录 2 的推导过程完全一致，所以这里只进行简单介绍：由于 α^* 的取值范围应该在（0，1）区间，所以对于式（4 - 14），需要加以限制。对于式（4 - 24）应当首先满足以下条件才能确定 $\alpha^* > 0$：

$$(1 - \eta_1 \eta_2 \varepsilon_1 + \eta_1 \eta_2 \varepsilon_2)(1 - \eta_1 \eta_2 \varepsilon_1) > 0 \qquad (A7 - 1)$$

而且需要满足 $1 - \eta_1 \eta_2 \varepsilon_1 > 0$ 才能确保 α^* 的取值范围在（0，1）区间，因而需要假设以下条件能够成立：$1 - \eta_1 \eta_2 \varepsilon_1 > 0$。

附录 8：

G_5 的表达式如下：

$$G_5 = \frac{(1 - \alpha^*)^{\varepsilon_2 + 1}}{\varepsilon_1 \alpha^{*\varepsilon_1 - 1} - \varepsilon_1 \alpha^{*\varepsilon_1} + \varepsilon_2 \alpha^{*\varepsilon_1}} \qquad (A8-1)$$

G_4^* 的表达式如下：

$$G_4^* = \left[\frac{(1 - \alpha^*)^{\varepsilon_2}(\varepsilon_2 - \varepsilon_1 + 1)}{\alpha^{*\varepsilon_1}(\varepsilon_1 - \varepsilon_2)} - \frac{\varepsilon_1 \varepsilon_2 (1 - \alpha^*)^{\varepsilon_2}}{\alpha^{*\varepsilon_1}(\alpha^*(\varepsilon_1 - \varepsilon_2) - \varepsilon_1)^2 (\varepsilon_1 - \varepsilon_2)} \right]^{-1}$$

$$(A8-2)$$

由附录 6 可知 $G_4^* < 0$。

附录 9：

由式 (3-15)、式 (3-18)、式 (4-20)、式 (4-22)、式 (4-25) 可得：

$$\frac{\dot{C}}{C} = n - \rho - \delta + \frac{Y}{K} - G_5 \frac{(\varepsilon_1 - \varepsilon_2)\overline{A}K^{\varepsilon_2 - \varepsilon_1}(\alpha^* K)^{\varepsilon_1}}{[K(1 - \alpha^*)]^{\varepsilon_2}} \qquad (A9-1)$$

进一步化简可得：

$$\frac{\dot{C}}{C} = n - \rho - \delta + \alpha^* \overline{A} - G_6 \alpha^* \overline{A} \qquad (A9-2)$$

其中：

$$G_6 = \frac{\alpha^{\varepsilon_1 - 1}(\varepsilon_1 - \varepsilon_2)}{(1 - \alpha)^{\varepsilon_2}} G_5 \qquad (A9-3)$$

由式 (3-18) 可以得到：

$$\frac{\dot{K}}{K} = -\delta - \frac{C}{K} - \alpha^* (G_6 - 1)\overline{A} \qquad (A9-4)$$

因而可以得到，在均衡增长路径下：

$$\frac{\dot{Y}(t)}{Y(t)} = \frac{\dot{K}(t)}{K(t)} = \frac{\dot{C}(t)}{C(t)} = \alpha^* \overline{A}(1 - G_6) - \delta - \rho \qquad (A9-5)$$

AK 经济增长理论模型的经济增长速度为 $\overline{A} - \delta - \rho$。显然地，在 AK 经济增长理论模型中，均衡的增长速度要更小。主要原因在于在传统的 AK 经济增长理论模型中，并不存在环境污染问题，所有的资本都用来生产，而在本书的模型中有一部分资本被消耗在减排之中。

附录 10：

式（6-6）的等号右边由三项构成，根据本书的设定可知：$\left(\dfrac{\varepsilon_1}{\alpha}+\dfrac{\varepsilon_2}{1-\alpha}\right)>0$、$\eta_1>0$、$N>0$ 均成立，所以可以确定 $\dfrac{\partial \alpha^*}{\partial N}>0$。

附录 11：

式（6-8）的等号右边由三项构成，根据设定可知 $\dfrac{K^a(AL)^{1-a}}{a^{-1}}>0$、$\left(\dfrac{\overline{N}}{e^{nt}L_0 c}\right)^{-\frac{1}{\eta_1}}>0$。对于第三项，由于 $a-1<0$，所以 $\varepsilon_1\alpha^{*a-2}(a-1)(\alpha^*-1)^2<0$，同理，$\varepsilon_2\alpha^{*a-2}(\alpha^* a+1-a)>0$，因此 $\left[\varepsilon_1\alpha^{*a-2}(a-1)(\alpha^*-1)^2-\varepsilon_2\alpha^{*a-2}(\alpha^* a+1-a)\right]<0$ 从而可以得到 $\dfrac{\left[\varepsilon_1\alpha^{*a-2}(a-1)(\alpha^*-1)^2-\varepsilon_2\alpha^{*a-2}(\alpha^* a+1-a)\right]}{(\varepsilon_2+\varepsilon_1-\varepsilon_1\alpha^*)^2}<0$，由此可证：

$$\frac{\partial \tau^*}{\partial \alpha^*}=\frac{K^a(AL)^{1-a}}{a^{-1}}\left(\frac{\overline{N}}{e^{nt}L_0 c}\right)^{-\frac{1}{\eta_1}}$$
$$\frac{\left[\varepsilon_1\alpha^{*a-2}(a-1)(\alpha^*-1)^2-\varepsilon_2\alpha^{*a-2}(\alpha^* a+1-a)\right]}{(\varepsilon_2+\varepsilon_1-\varepsilon_1\alpha^*)^2}<0$$

附录 12：

对于式（6-9）等号右边的第一项，由于 $1-\alpha^*>0$，所以 $\dfrac{\varepsilon_2\alpha^{*1-a}+\varepsilon_1(1-\alpha^*)\alpha^{*-a}}{1-\alpha^*}>0$，由此可以得到：

$$-\frac{1}{\eta_1}\frac{K^a(AL)^{1-a}}{a^{-1}}(e^{nt}L_0 c)^{\frac{1}{\eta_1}}\overline{N}^{-\frac{1}{\eta_1}-1}\frac{\varepsilon_2\alpha^{*1-a}+\varepsilon_1(1-\alpha^*)\alpha^{*-a}}{1-\alpha^*}<0$$

对于式（6-9）等号右边的第二项，由附录 10 可以确定：

$$\left[\left(\frac{\varepsilon_1}{\alpha}+\frac{\varepsilon_2}{1-\alpha}\right)\eta_1\overline{N}\right]^{-1}>0$$

由附录 11 可以确定：

$$\frac{K^a(AL)^{1-a}}{a^{-1}}\left(\frac{\overline{N}}{e^{nt}L_0c}\right)^{-\frac{1}{\eta_1}}\frac{\left[\varepsilon_1\alpha^{*a-2}(a-1)(\alpha^*-1)^2-\varepsilon_2\alpha^{*a-2}(\alpha^*a+1-a)\right]}{(\varepsilon_2+\varepsilon_1-\varepsilon_1\alpha^*)^2}<0$$

因此可以确定：

$$\frac{\dfrac{K^a(AL)^{1-a}}{a^{-1}}\left(\dfrac{\overline{N}}{e^{nt}L_0c}\right)^{-\frac{1}{\eta_1}}\dfrac{\left[\varepsilon_1\alpha^{*a-2}(a-1)(\alpha^*-1)^2-\varepsilon_2\alpha^{*a-2}(\alpha^*a+1-a)\right]}{(\varepsilon_2+\varepsilon_1-\varepsilon_1\alpha^*)^2}}{\left[\left(\dfrac{\varepsilon_1}{\alpha}+\dfrac{\varepsilon_2}{1-\alpha}\right)\eta_1\overline{N}\right]^{-1}}<0$$

综上可以得到：

$$\frac{\partial\tau^*}{\partial\overline{N}}=-\frac{1}{\eta_1}\times\frac{K^a(AL)^{1-a}}{a^{-1}}(e^{nt}L_0c)^{\frac{1}{\eta_1}}\frac{\varepsilon_2\alpha^{*1-a}+\varepsilon_1(1-\alpha^*)\alpha^{*-a}}{1-\alpha^*}\overline{N}^{\frac{1}{\eta_1}-1}+$$

$$\frac{\dfrac{K^a(AL)^{1-a}}{a^{-1}}\left(\dfrac{\overline{N}}{e^{nt}L_0c}\right)^{-\frac{1}{\eta_1}}\left[\varepsilon_1\alpha^{*a-2}(a-1)(\alpha^*-1)^2-\varepsilon_2\alpha^{*a-2}(\alpha^*a+1-a)\right]}{(\varepsilon_2+\varepsilon_1-\varepsilon_1\alpha^*)^2}$$

$$\left[\left(\frac{\varepsilon_1}{\alpha}+\frac{\varepsilon_2}{1-\alpha}\right)\eta_1\overline{N}\right]^{-1}<0$$

附录 13：

G_7、G_8 的表达式分别为：

$$G_7=a-\eta_1\eta_2\varepsilon_1 \qquad\qquad (A13-1)$$

$$G_8=a-\eta_1\eta_2\varepsilon_1+\eta_1\eta_2\varepsilon_2 \qquad\qquad (A13-2)$$

由附录 1 和附录 2 的假设条件可以证明 $\dfrac{2a\varepsilon_2(\varepsilon_1\eta_1\eta_2-a)}{\eta_2 G_7^{\varepsilon_1\eta_1+1}(G_8-G_7)^{\eta_1\varepsilon_2}G_8^{1-\varepsilon_1\eta_1-\varepsilon_1\eta_2}}<0$

成立，由此可以证明 $c_c e^{nt}L_0K_c^{-\eta_1(\varepsilon_1-\varepsilon_2)}\dfrac{2a\varepsilon_2(\varepsilon_1\eta_1\eta_2-a)}{\eta_2 G_7^{\varepsilon_1\eta_1+1}(G_8-G_7)^{\eta_1\varepsilon_2}G_8^{1-\varepsilon_1\eta_1-\varepsilon_1\eta_2}}<0$。

参 考 文 献

[1] 曹正汉. 中国上下分治的治理体制及其稳定机制 [J]. 社会学研究，2011 (1)：1-40.

[2] 钞小静，沈坤荣. 城乡收入差距、劳动力质量与中国经济增长 [J]. 经济研究，2014 (6)：30-43.

[3] 陈硕. 分税制改革、地方财政自主权与公共品供给 [J]. 经济学 (季刊)，2010 (4)：1427-1446.

[4] 陈硕，高琳. 央地关系：财政分权度量及作用机制再评估 [J]. 管理世界，2012 (6)：43-59.

[5] 陈晓东，徐锦. 外资、城市污染与环境管制的关系——基于中国245个地级城市面板数据的分析 [J]. 城市问题，2016 (2)：59-64.

[6] 东童童，李欣，刘乃全. 空间视角下工业集聚对雾霾污染的影响——理论与经验研究 [J]. 经济管理，2015 (9)：29-41.

[7] 杜传忠. 政府规制俘获理论的最新发展 [J]. 经济学动态，2005 (11)：72-76.

[8] 范庆泉，周县华，张同斌. 动态环境税外部性、污染累积路径与长期经济增长——兼论环境税的开征时点选择问题 [J]. 经济研究，2016 (8)：116-128.

[9] 傅京燕，李丽莎. 环境规制、要素禀赋与产业国际竞争力的实证研究——基于中国制造业的面板数据 [J]. 管理世界，2010 (10)：87-98.

[10] 傅强，马青，Bayanjargal Sodnomdargia. 地方政府竞争与环境规制：基于区域开放的异质性研究 [J]. 中国人口·资源与环境，2016 (3)：69-75.

[11] 傅勇. 中国的分权为何不同：一个考虑政治激励与财政激励的分析框架 [J]. 世界经济，2008 (11)：16-25.

[12] 龚锋，雷欣. 中国式财政分权的数量测度 [J]. 统计研究，2010 (10)：

47 – 55.

[13] 龚强，雷丽衡，袁燕. 政策性负担、规制俘获与食品安全 [J]. 经济研究，2015（8）：4 – 15.

[14] 顾振华，沈瑶. 政治关联与官员晋升机制会影响生产安全吗？——来自中国上市公司的证据 [J]. 经济学（季刊），2017（2）：649 – 670.

[15] 韩超. 制度影响、规制竞争与中国启示——兼析规制失效的形成动因 [J]. 经济学动态，2014（4）：66 – 76.

[16] 韩超，刘鑫颖，王海. 规制官员激励与行为偏好——独立性缺失下环境规制失效新解 [J]. 管理世界，2016（2）：82 – 94.

[17] 姜珂，游达明. 基于央地分权视角的环境规制策略演化博弈分析 [J]. 中国人口·资源与环境，2016（9）：139 – 148.

[18] 柯善咨，赵曜. 产业结构、城市规模与中国城市生产率 [J]. 经济研究，2014（4）.

[19] 李根生，韩民春. 财政分权、空间外溢与中国城市雾霾污染：机理与证据 [J]. 当代财经，2015（6）：26 – 34.

[20] 李后建. 腐败会损害环境政策执行质量吗？[J]. 中南财经政法大学学报，2013（6）：34 – 42.

[21] 李金昌，程开明. 中国城市化与经济增长的动态计量分析 [J]. 财经研究，2006（9）：19 – 30.

[22] 李胜兰，初善冰，申晨. 地方政府竞争、环境规制与区域生态效率 [J]. 世界经济，2014（4）：88 – 110.

[23] 李小平，卢现祥. 国际贸易、污染产业转移和中国工业 CO_2 排放 [J]. 经济研究，2010（1）：15 – 26.

[24] 李永友，沈坤荣. 我国污染控制政策的减排效果——基于省际工业污染数据的实证分析 [J]. 管理世界，2008（7）：7 – 17.

[25] 李子叶，韩先锋，冯根福. 我国生产性服务业集聚对经济增长方式转变的影响——异质门槛效应视角 [J]. 经济管理，2015（12）：21 – 30.

[26] 林震，严耕. 中国省域生态文明建设评价报告 [M]. 北京：社会科学文献出版社，2010.

[27] 刘伯凡，曹建华. 我国刑事犯罪空间相关的形成机制——一种理论假说

及其验证 [J]. 经济学动态, 2016 (03): 88 – 101.

[28] 刘建民, 陈霞, 吴金光. 财政分权、地方政府竞争与环境污染——基于 272 个城市数据的异质性与动态效应分析 [J]. 财政研究, 2015 (9): 36 – 43.

[29] 刘建民, 王蓓, 陈霞. 财政分权对环境污染的非线性效应研究——基于 中国 272 个地级市面板数据的 PSTR 模型分析 [J]. 经济学动态, 2015 (3): 82 – 89.

[30] 刘晓路. 财政分权与经济增长: 第二代财政分权理论 [J]. 财贸经济, 2007 (3): 47 – 53.

[31] 刘笑萍, 张永正, 长青. 基于 EKC 模型的中国实现减排目标分析与减排 对策 [J]. 管理世界, 2009 (4): 75 – 82.

[32] 刘叶, 刘伯凡. 生产性服务业与制造业协同集聚对制造业效率的影响——基 于中国城市群面板数据的实证研究 [J]. 经济管理, 2016 (6): 16 – 28.

[33] 卢进勇, 杨杰, 邵海燕. 外商直接投资、人力资本与中国环境污染——基 于 249 个城市数据的分位数回归分析 [J]. 国际贸易问题, 2014 (4): 118 – 125.

[34] 陆铭, 冯皓. 集聚与减排: 城市规模差距影响工业污染强度的经验研究 [J]. 世界经济, 2014 (7): 86 – 114.

[35] 陆旸. 从开放宏观的视角看环境污染问题: 一个综述 [J]. 经济研究, 2012 (2): 146 – 158.

[36] 马春文, 武赫. 地方政府竞争与环境污染 [J]. 财经科学, 2016 (8): 93 – 101.

[37] 彭星, 李斌, 金培振. 文化非正式制度有利于经济低碳转型吗? ——地方 政府竞争视角下的门限回归分析 [J]. 财经研究, 2013 (7): 110 – 121.

[38] 皮建才. 中国地方政府间竞争下的区域市场整合 [J]. 经济研究, 2008 (3): 115 – 124.

[39] 皮建才. 中国式分权下的地方官员治理研究 [J]. 经济研究, 2012 (10): 14 – 26.

[40] 皮建才, 殷军, 周愚. 新形势下中国地方官员的治理效应研究 [J]. 经 济研究, 2014 (10): 89 – 101.

[41] 齐红倩，王志涛. 我国污染排放差异变化及其收入分区治理对策 [J].
数量经济技术经济研究，2015（12）：57 – 72.

[42] 钱先航，曹廷求，李维安. 晋升压力、官员任期与城市商业银行的贷款
行为 [J]. 经济研究，2011（12）：72 – 85.

[43] 邵帅，范美婷，杨莉莉. 资源产业依赖如何影响经济发展效率？——有
条件资源诅咒假说的检验及解释 [J]. 管理世界，2013（2）：32 – 63.

[44] 沈凌，田国强. 贫富差别、城市化与经济增长——一个基于需求因素的
经济学分析 [J]. 经济研究，2009（1）：17 – 29.

[45] 谭志雄，张阳阳. 财政分权与环境污染关系实证研究 [J]. 中国人口·资
源与环境，2015（4）：110 – 117.

[46] 陶然，苏福兵，陆曦，朱昱铭. 经济增长能够带来晋升吗？——对晋升
锦标竞赛理论的逻辑挑战与省级实证重估 [J]. 管理世界，2010（12）：
13 – 26.

[47] 王杰，刘斌. 环境规制与企业全要素生产率——基于中国工业企业数据
的经验分析 [J]. 中国工业经济，2014（3）：44 – 56.

[48] 王世磊，张军. 中国地方官员为什么要改善基础设施？——一个关于官
员激励机制的模型 [J]. 经济学（季刊），2008（2）：383 – 398.

[49] 王小鲁. 城市化与经济增长 [J]. 经济社会体制比较，2002（1）：23 – 32.

[50] 王永钦，张晏，章元，陈钊，陆铭. 中国的大国发展道路——论分权式
改革的得失 [J]. 经济研究，2007（1）：4 – 16.

[51] 王宇澄. 基于空间面板模型的我国地方政府环境规制竞争研究 [J]. 管
理评论，2015（8）：23 – 32.

[52] 吴俊培，丁玮蓉，龚旻. 财政分权对中国环境质量影响的实证分析
[J]. 财政研究，2015（11）：56 – 63.

[53] 吴伟平，何乔. "倒逼"抑或"倒退"？——环境规制减排效应的门槛
特征与空间溢出 [J]. 经济管理，2017（2）：20 – 34.

[54] 武廷方，夏刚. 城镇化驱动下的区域经济发展——中国城镇化与区域经
济发展国际研讨会综述 [J]. 经济研究，2014（3）：185 – 189.

[55] 席鹏辉. 财政激励、环境偏好与垂直式环境管理——纳税大户议价能力
的视角 [J]. 中国工业经济，2017（11）：100 – 117.

[56] 席鹏辉，梁若冰，谢贞发. 税收分成调整、财政压力与工业污染 [J].世界经济，2017（10）：170-192.

[57] 徐现祥. 中国地方官员治理的增长绩效 [M]. 北京：科学出版社，2011.

[58] 徐现祥，李郇，王美今. 区域一体化、经济增长与政治晋升 [J]. 经济学（季刊），2007（4）：1075-1096.

[59] 徐彦坤，祁毓. 环境规制对企业生产率影响再评估及机制检验 [J]. 财贸经济，2017（6）：147-161.

[60] 徐圆. 源于社会压力的非正式性环境规制是否约束了中国的工业污染？[J]. 财贸研究，2014（2）：7-15.

[61] 徐志伟. 工业经济发展、环境规制强度与污染减排效果——基于"先污染，后治理"发展模式的理论分析与实证检验 [J]. 财经研究，2016（3）：134-144.

[62] 许和连，邓玉萍. 外商直接投资导致了中国的环境污染吗？——基于中国省际面板数据的空间计量研究 [J]. 管理世界，2012（2）：30-43.

[63] 闫文娟，钟茂初. 中国式财政分权会增加环境污染吗 [J]. 财经论丛，2012（3）：32-37.

[64] 杨俊，盛鹏飞. 环境污染对劳动生产率的影响研究 [J]. 中国人口科学，2012（5）：56-65.

[65] 杨其静. 分权、增长与不公平 [J]. 世界经济，2010（4）：102-120.

[66] 尹志超，甘犁. 香烟、美酒和收入 [J]. 经济研究，2010（10）：90-100.

[67] 张红凤，周峰，杨慧，郭庆. 环境保护与经济发展双赢的规制绩效实证分析 [J]. 经济研究，2009（3）：14-26.

[68] 张华. "绿色悖论"之谜：地方政府竞争视角的解读 [J]. 财经研究，2014（12）：114-127.

[69] 张华. 地区间环境规制的策略互动研究——对环境规制非完全执行普遍性的解释 [J]. 中国工业经济，2016（7）：74-90.

[70] 张军，高远，傅勇，张弘. 中国为什么拥有了良好的基础设施？[J]. 经济研究，2007（3）：4-19.

[71] 张军，吴桂英，张吉鹏. 中国省际物质资本存量估算：1952—2000

[J]. 经济研究, 2004 (10): 35 – 44.

[72] 张可, 豆建民. 集聚对环境污染的作用机制研究 [J]. 中国人口科学, 2013 (5): 26 – 27.

[73] 张可, 汪东芳. 经济集聚与环境污染的交互影响及空间溢出 [J]. 中国工业经济, 2014 (6): 70 – 82.

[74] 张楠, 卢洪友. 官员垂直交流与环境治理——来自中国 109 个城市市委书记 (市长) 的经验证据 [J]. 公共管理学报, 2016 (1): 31 – 43.

[75] 张文彬, 张理芃, 张可云. 中国环境规制强度省际竞争形态及其演变——基于两区制空间 Durbin 固定效应模型的分析 [J]. 管理世界, 2010 (12): 34 – 44.

[76] 张学良. 中国交通基础设施促进了区域经济增长吗——兼论交通基础设施的空间溢出效应 [J]. 中国社会科学, 2012 (3): 60 – 77.

[77] 张晏, 龚六堂. 分税制改革、财政分权与中国经济增长 [J]. 经济学 (季刊), 2005 (4): 75 – 108.

[78] 赵霄伟. 地方政府间环境规制竞争策略及其地区增长效应——来自地级市以上城市面板的经验数据 [J]. 财贸经济, 2014 (10): 105 – 113.

[79] 郑思齐, 万广华, 孙伟增, 罗党论. 公众诉求与城市环境治理 [J]. 管理世界, 2013 (6): 72 – 84.

[80] 周黎安. 晋升博弈中政府官员的激励与合作——兼论我国地方保护主义和重复建设问题长期存在的原因 [J]. 经济研究, 2004 (6): 33 – 40.

[81] 周黎安. 中国地方官员的锦标赛模式研究 [J]. 经济研究, 2007 (7): 36 – 50.

[82] 周黎安. 转型中的地方政府: 官员激励与治理 [M]. 上海: 格致出版社、上海人民出版社, 2008.

[83] Aloi M., Tournemaine F., Growth effects of environmental policy when pollution affects health [J]. *Economic Modelling*, 2011, 28 (4): 1683 – 1695.

[84] Anselin L., Spatial Econometrics: Methods and Models [M]. Springer Science & Business Media, 1988.

[85] Banzhaf H. S., Chupp B. A., Fiscal federalism and interjurisdictional externalities: New results and an application to US Air pollution [J]. *Journal of*

Public Economics, 2012, 96 (5): 449 – 464.

[86] Barrett S. , Self-enforcing international environmental agreements [M]. *Oxford Economic Papers*, 1994: 878 – 894.

[87] Barro R. J. , Human Capital and Growth [J]. *American Economic Review*, 2001, 91 (2): 12 – 17.

[88] Besley T. , Coate S. , Centralized versus decentralized provision of local public goods: a political economy approach [J]. *Journal of public economics*, 2003, 87 (12): 2611 – 2637.

[89] Besley T. , Coate S. , An Economic Model of Representative Democracy [J]. *The Quarterly Journal of Economics*, 1997, 112 (1): 85 – 114.

[90] Brunnermeier S. B. , Levinson A. , Examining the evidence on environmental regulations and industry location [J]. *The Journal of Environment & Development*, 2004, 13 (1): 6 – 41.

[91] Cai H. , Chen Y. , Gong Q. , Polluting thy neighbor: Unintended consequences of China's pollution reduction mandates [J]. *Journal of Environmental Economics and Management*, 2016, 76: 86 – 104.

[92] Carrera J. A. , Miguel C. D. , Manzano B. , A demand-based mechanism driving the income-pollution relation [R]. *Working Paper*, 2013.

[93] Chattopadhyay R. , Duflo E. , Women as Policy Makers: Evidence from a Randomized Policy Experiment in India [J]. *Econometrica*, 2004, 72 (5): 1409 – 1443.

[94] Chu H. , Lai C. C. , Abatement R&D, market imperfections, and environmental policy in an endogenous growth model [J]. *Journal of Economic Dynamics & Control*, 2014, 41 (1): 20 – 37.

[95] Cole M. A. , Elliott R. J. , FDI and the capital intensity of "dirty" sectors: a missing piece of the pollution haven puzzle [J]. *Review of Development Economics*, 2005, 9 (4): 530 – 548.

[96] Constant K. , Davin M. , Environmental Policy and Growth in a Model with Endogenous Environmental Awareness [R]. *Amse Working Papers*, 2014, 56 (19): 2344 – 2347.

［97］ Copeland B. R. , Taylor M. S. , North-South trade and the environment ［J］. *The quarterly journal of Economics*, 1994: 755 - 787.

［98］ Cremer H. , Gahvari F. , Ladoux N. , Environmental tax design with endogenous earning abilities (with applications to France) ［J］. *Journal of Environmental Economics and Management*, 2010, 59 (1): 82 - 93.

［99］ Cutter W. B. , DeShazo J. R. , The environmental consequences of decentralizing the decision to decentralize ［J］. *Journal of Environmental Economics and Management*, 2007, 53 (1): 32 - 53.

［100］ Dasgupta S. , Huq M. , Wheeler D. , Zhang C. , Water pollution abatement by Chinese industry: cost estimates and policy implications ［J］. *Applied Economics*, 2001, 33 (4): 547 - 557.

［101］ Dinan T. , Cropper M. , Portney P. , Environmental federalism: welfare losses from uniform national drinking water standards ［J］. *Environmental and Public Economics: Essays in Honor of Wallace E. Oates*, 1999: 13 - 31.

［102］ Easterly W. , The Elusive Quest for Growth: Economists' Adventures and Misadventures in the Tropics ［M］. The MIT Press, 2002.

［103］ Ebenstein A. , Fan M. , Greenstone M. , He G. , Yin P. , Zhou M. , Growth, Pollution, and Life Expectancy: China from 1991 - 2012 ［J］. *The American Economic Review*, 2015, 105 (5): 226 - 231.

［104］ Elhorst J. P. , Spatial Panel Data Models ［J］. *Handbook of Applied Spatial Analysis*, 2010: 377 - 407.

［105］ Elhorst J. P. , Spatial econometrics: from cross-sectional data to spatial panels ［J］. Springer, 2014.

［106］ Elhorst P. , Piras G. , Arbia G. , Growth and Convergence in a Multiregional Model with Space-Time Dynamics ［J］. *Geographical Analysis*, 2010, 42 (3): 338 - 355.

［107］ Faguet J. , Does decentralization increase government responsiveness to local needs?: Evidence from Bolivia ［J］. *Journal of public economics*, 2004, 88 (3): 867 - 893.

［108］ Folke O. , Shades of Brown and Green: Party Effects in Proprortional Election Systems [J]. *Journal of the European Economic Association*, 2014, 12 (5): 1361 – 1395.

[109] Fredriksson P. G., Millimet D. L., Strategic interaction and the determination of environmental policy across US states [J]. *Journal of Urban Economics*, 2002, 51 (1): 101 – 122.

[110] Frye T., Shleifer A., The Invisible Hand and the Grabbing Hand [J]. *Nber Working Papers*, 1997, 87 (2): 354 – 358.

[111] Glazer A., Local regulation may be excessively stringent [J]. *Regional Science and Urban Economics*, 1999, 29 (5): 553 – 558.

[112] Gray W. B., The Cost of Regulation: OSHA, EPA and the Productivity Slowdown [J]. *American Economic Review*, 1987, 77 (77): 998 – 1006.

[113] Gray W. B., Shadbegian R. J., Plant vintage, technology, and environmental regulation [J]. *Journal of Environmental Economics & Management*, 2003, 46 (3): 384 – 402.

[114] Greene, William H., Econometric analysis [M]. Prentice Hall, 2013.

[115] Greiner A., Fiscal Policy in An Endogenous Growth Model with Public Capital and Pollution [J]. *Japanese Economic Review*, 2005, 56 (1): 67 – 84.

[116] Grimaud A., Tournemaine F., Why can an environmental policy tax promote growth through the channel of education? [J]. *Ecological Economics*, 2007, 62 (1): 27 – 36.

[117] Hanna R., Oliva P., The effect of pollution on labor supply: Evidence from a natural experiment in Mexico City [J]. *Journal of Public Economics*, 2015, 122: 68 – 79.

[118] Hansen L. P., Singleton K. J., Generalized Instrumental Variables Estimation of Nonlinear Rational Expectations Models [J]. *Econometrica*, 1982, 50 (5): 1269 – 1286.

[119] Hart R., Growth, environment and innovation—a model with production vintages and environmentally oriented research [J]. *Journal of Environmental Economics and Management*, 2004, 48 (3): 1078 – 1098.

[120] He J. , Pollution haven hypothesis and environmental impacts of foreign direct investment: the case of industrial emission of sulfur dioxide (SO_2) in Chinese provinces [J]. *Ecological economics*, 2006, 60 (1): 228 – 245.

[121] He Q. , Fiscal decentralization and environmental pollution: Evidence from Chinese panel data [J]. *China Economic Review*, 2015, 36: 86 – 100.

[122] Helland E. , Whitford A. B. , Pollution incidence and political jurisdiction: evidence from the TRI [J]. *Journal of Environmental Economics and Management*, 2003, 46 (3): 403 – 424.

[123] Hellman J. S. , Jones G. , Kaufmann D. , Seize the state, seize the day: state capture and influence in transition economies [J]. *Journal of Comparative Economics*, 2003, 31 (4): 751 – 773.

[124] Hellman J. S. , Jones G. , Kaufmann D. , Schankerman M. A. , Measuring governance and state capture: the role of bureaucrats and firms in shaping the business environment [J]. *Ssrn Electronic Journal*, 2000.

[125] Henderson D. J. , Millimet D. L. , Pollution abatement costs and foreign direct investment inflows to US states: a nonparametric reassessment [J]. *The Review of Economics and Statistics*, 2007, 89 (1): 178 – 183.

[126] Henderson V. , The Urbanization Process and Economic Growth: The So-What Question [J]. *Journal of Economic Growth*, 2003, 8 (1): 47 – 71.

[127] Hettich F. , Growth effects of a revenue-neutral environmental tax reform [J]. *Journal of Economics*, 1998, 67 (3): 287 – 316.

[128] Holmstrom B. , Milgrom P. , Multitask Principal-Agent Analyses: Incentive Contracts, Asset Ownership, and Job Design [J]. *Journal of Law Economics & Organization*, 1991 (7): 24 – 52.

[129] Inman R. P. , Rubinfeld D. L. , Rethinking federalism [J]. *The Journal of Economic Perspectives*, 1997, 11 (4): 43 – 64.

[130] Itaya J. , Can environmental taxation stimulate growth? The role of indeterminacy in endogenous growth models with environmental externalities [J]. *Journal of Economic Dynamics and Control*, 2008, 32 (4): 1156 – 1180.

[131] Jacobs B. , de Mooij R. A. , Pigou meets Mirrlees: On the irrelevance of tax

distortions for the second-best Pigouvian tax [J]. *Journal of Environmental Economics and Management*, 2015, 71: 90 – 108.

[132] Jensen M. C. , Meckling W. H. , Theory of the firm: Managerial behavior, agency costs and ownership structure [J]. *Journal of financial economics*, 1976, 3 (4): 305 – 360.

[133] Kijima M. , Nishide K. , Ohyama A. , Economic models for the environmental Kuznets curve: A survey [J]. *Journal of Economic Dynamics and Control*, 2010, 34 (7): 1187 – 1201.

[134] Klarl T. , Pollution externalities, endogenous health and the speed of convergence in an endogenous growth model [J]. *Journal of Macroeconomics*, 2016, 50: 98 – 113.

[135] Kleibergena F. , Paapc R. , Generalized Reduced Rank Tests using the Singular Value Decomposition [J]. *Journal of Econometrics*, 2006, 133 (1): 97 – 126.

[136] Lazear E. P. , Rosen S. , Rank-Order Tournaments as Optimum Labor Contracts [J]. *Social Science Electronic Publishing*, 1981, 89 (5): 841 – 864.

[137] Lee L. , Asymptotic distributions of quasi-maximum likelihood estimators for spatial autoregressive models [J]. *Econometrica*, 2004: 1899 – 1925.

[138] Lee L. , Yu J. , Efficient GMM estimation of spatial dynamic panel data models with fixed effects [J]. *Journal of Econometrics*, 2014, 180 (2): 174 – 197.

[139] Lee L. , Yu J. , Estimation of spatial autoregressive panel data models with fixed effects [J]. *Journal of Econometrics*, 2010a, 154 (2): 165 – 185.

[140] Lee L. , Yu J. , A spatial dynamic panel data model with both time and individual fixed effects [J]. *Econometric Theory*, 2010b, 26 (2): 564 – 597.

[141] Letchumanan R. , Kodama F. , Reconciling the conflict between the pollution-haven' hypothesis and an emerging trajectory of international technology transfer [J]. *Research policy*, 2000, 29 (1): 59 – 79.

[142] Levinson A. , Environmental regulations and industry location: international and domestic evidence [J]. *Fair Trade and Harmonization: prerequisites for*

free trade, 1996, 1: 429 - 457.

[143] Li H., Zhou L. A., Political turnover and economic performance: the incentive role of personnel control in China [J]. *Journal of Public Economics*, 2005, 89 (9 - 10): 1743 - 1762.

[144] List J. A., Gerking S., Regulatory federalism and environmental protection in the United States [J]. *Journal of Regional Science*, 2000, 40 (3): 453 - 471.

[145] Lopez R., The environment as a factor of production: the effects of economic growth and trade liberalization [J]. *Journal of Environmental Economics and management*, 1994, 27 (2): 163 - 184.

[146] Lorentzen P., Regularized rioting: The strategic toleration of public protest in China [J]. *Working Papper*, *Department of Political Science*, *University of California*, *Berkeley*, 2008.

[147] Lucas R. E., Human Capital and Growth [J]. *American Economic Review*, 2015, 105 (5): 85 - 88.

[148] Ma J., Intergovernmental Relations and Economic Management in China [M]. St. Martin's Press, 1997.

[149] Malcomson J. M., Work Incentives, Hierarchy, and Internal Labor Markets [J]. *Journal of Political Economy*, 1984, 92 (3): 486 - 507.

[150] Manderson E., Kneller R., Environmental regulations, outward FDI and heterogeneous firms: Are countries used as pollution havens? [J]. *Environmental and Resource Economics*, 2012, 51 (3): 317 - 352.

[151] Mani M., Wheeler D., In search of pollution havens? Dirty industry in the world economy, 1960 to 1995 [J]. *The Journal of Environment & Development*, 1998, 7 (3): 215 - 247.

[152] Markusen J. R., Venables A. J., Foreign direct investment as a catalyst for industrial development [J]. *European economic review*, 1999, 43 (2): 335 - 356.

[153] Millimet D. L., Assessing the empirical impact of environmental federalism [J]. *Journal of Regional Science*, 2003, 43 (4): 711 - 733.

[154] Mincer J. , Human Capital and Economic Growth [J]. *Economics of Education Review*, 1984, 3 (3): 195 – 205.

[155] Morriss A. P. , The Politics of the Clean Air Act [J]. *Political Environmentalism: Going behind the green curtain*, 2000, 263: 282 – 292.

[156] Nakada M. , Does Environmental Policy Necessarily Discourage Growth? [J]. *Journal of Economics*, 2004, 81 (3): 249 – 275.

[157] Oates W. E. , Fiscal federalism [J]. Harcourt, 1972.

[158] Oates W. E. , A reconsideration of environmental federalism [J]. Resources for the Future Washington, DC. 2001.

[159] Oates W. E. , Portney P. R. , The political economy of environmental policy [J]. *Handbook of environmental economics*, 2003, 1: 325 – 354.

[160] Oates W. E. , Schwab R. M. , The theory of regulatory federalism: the case of environmental management [D]. University of Maryland, Department of Economics, 1988a.

[161] Oates W. E. , Schwab R. M. , Economic competition among jurisdictions: efficiency enhancing or distortion inducing? [J]. *Journal of public economics*, 1988b, 35 (3): 333 – 354.

[162] O'Brien K. J. , Rightful Resistance [J]. *World Politics*, 1996, 49 (1): 31 – 55.

[163] Ord K. , Estimation methods for models of spatial interaction [J]. *Journal of the American Statistical Association*, 1975, 70 (349): 120 – 126.

[164] Oueslati W. , Environmental policy in an endogenous growth model with human capital and endogenous labor supply [J]. *Economic Modelling*, 2002, 19 (3): 487 – 507.

[165] Oueslati W. , Short and Long-Term Effects of Environmental Tax Reform [R]. *Working Papers*, 2013.

[166] Pasche M. , Technical progress, structural change, and the environmental Kuznets curve [J]. *Ecological Economics*, 2002, 42 (3): 381 – 389.

[167] Patuelli R. , Nijkamp P. , Pels E. , Environmental tax reform and the double dividend: A meta-analytical performance assessment [J]. *Ecological*

Economics, 2005, 55 (4): 564 - 583.

[168] Pérez R., Ruiz J., Global and local indeterminacy and optimal environmental public policies in an economy with public abatement activities [J]. *Economic Modelling*, 2007, 24 (3): 431 - 452.

[169] Persson T., Roland G., Tabellini G., Electoral Rules and Government Spending in Parliamentary Democracies [J]. *Quarterly Journal of Political Science*, 2005, 20 (2): 155 - 188.

[170] Pratt J. W., Zeckhauser R., Arrow K. J., Principals and Agents: The Structure of Business [J]. *Harvard Business Review*, 1985: 69 - 82.

[171] Qian Y., Roland G., Federalism and the Soft Budget Constraint [J]. *American Economic Review*, 1998, 88 (5): 1143 - 1162.

[172] Qian Y., Roland G., Xu C., Coordination and experimentation in M-form and U-form organizations [J]. *Journal of Political Economy*, 2006, 114 (2): 366 - 402.

[173] Qian Y., Weingast B. R., Federalism as a Commitment to Preserving Market Incentives [J]. *Journal of Economic Perspectives*, 1997, 11 (4): 83 - 92.

[174] Reis A. B., Endogenous Growth and the Possibility of Eliminating Pollution [J]. *Journal of Environmental Economics & Management*, 2001, 42 (3): 360 - 373.

[175] Revesz R. L., Federalism and interstate environmental externalities [J]. *University of Pennsylvania Law Review*, 1996, 144 (6): 2341 - 2416.

[176] Rubio S. J., Hueso J. L., Neoclassical Growth, Environment and Technological Change: The Environmental Kuznets Curve [J]. *The Energy Journal*, 2009 (30): 143 - 168.

[177] Samuelson P. A., The pure theory of public expenditure [J]. *The review of economics and statistics*, 1954: 387 - 389.

[178] Samuelson P. A., Diagrammatic exposition of a theory of public expenditure [M]. Springer, 1995.

[179] Seabright P., Accountability and decentralisation in government: An incomplete contracts model [J]. *European Economic Review*, 1996, 40 (1): 61 - 89.

[180] Sigman H. , International Spillovers and Water Quality in Rivers: Do Countries Free Ride? [J]. *The American Economic Review*, 2002, 92 (4): 1152 – 1159.

[181] Sigman H. , Transboundary spillovers and decentralization of environmental policies [J]. *Journal of environmental economics and management*, 2005, 50 (1): 82 – 101.

[182] Silva E. C. , Caplan A. J. , Transboundary pollution control in federal systems [J]. *Journal of environmental economics and management*, 1997, 34 (2): 173 – 186.

[183] Sjöberg E. , An Empirical Study of Federal Law versus Local Environmental Enforcement [J]. *Journal of Environmental Economics & Management*, 2016 (76): 14 – 31.

[184] Smulders S. , Gradus R. , Pollution abatement and long-term growth [J]. *European Journal of Political Economy*, 1996, 12 (3): 505 – 532.

[185] Svaleryd H. , Women's representation and public spending [J]. *European Journal of Political Economy*, 2007, 25 (2): 186 – 198.

[186] Taylor M. S. , Antweiler W. , Copeland B. R. , Is Free Trade Good for the Environment [J]. *American Economic Review*, 2001, 94 (1): 877 – 907.

[187] Ulph A. , Political institutions and the design of environmental policy in a federal system with asymmetric information [J]. *European Economic Review*, 1998, 42 (3): 583 – 592.

[188] Wang C. , Wei Y. , Liu X. , Does China rival its neighbouring economies for inward FDI? [J]. *Transnational Corporations*, 2007, 16 (3): 35.

[189] Wang H. , Wheeler D. , Financial incentives and endogenous enforcement in China's pollution levy system [J]. *Journal of Environmental Economics & Management*, 2005, 49 (1): 174 – 196.

[190] Wilson J. D. , Capital mobility and environmental standards: Is there a theoretical basis for a race to the bottom? [J]. *Fair trade and harmonization: Prerequisites for free trade*, 1996, 1: 393 – 427.

［191］ Yanase A. , Impatience, pollution, and indeterminacy ［J］. *Journal of Economic Dynamics and Control*, 2011, 35 (10): 1789 – 1799.

［192］ Yu J. , de Jong R. , Lee L. , Quasi-maximum likelihood estimators for spatial dynamic panel data with fixed effects when both n and T are large ［J］. *Journal of Econometrics*, 2008, 146 (1): 118 – 134.

［193］ Zhang J. , Fu X. , FDI and environmental regulations in China ［J］. *Journal of the Asia pacific Economy*, 2008, 13 (3): 332 – 353.

［194］ Zivin J. G. , Neidell M. , The Impact of Pollution on Worker Productivity ［J］. *The American Economic Review*, 2012, 102 (7): 3652 – 3673.

［195］ Zodrow G. R. , Mieszkowski P. , Pigou, Tiebout, property taxation, and the underprovision of local public goods ［J］. *Journal of urban Economics*, 1986, 19 (3): 356 – 370.